の坐り方

矢田部英正

Yatabe Hidemasa

a pilot of wisdom

目次

本文イラスト／川口澄子

はじめに

「石の上にも三年」という言嗲《ことわざ》を久しぶりに耳にしたのは、就職先に思い悩む女子学生が、すでに社会でキャリアを積んできた卒業生より助言を授かっているときのことであった。

「どんな仕事でも三年はやってみないと何もわからないわよ。『石の上にも三年』って言うでしょう」

その響きの明朗さに、先輩卒業生の仕事ぶりが垣間見えるようであったのだが、傍らで聞いていた私は、坐禅の瞑想に起源をもつこの言嗲が、いまの若い人にもそれなりに説得力をもつことを、そのときに確認したような気がしていた。「石の上」で何をしたのかは、言うまでもない。只管《ひたすら》坐って瞑想を組むのである。

実際のところ坐禅の修行は石に坐って行うことはなく、尻の下にはぶ厚い座蒲《ざふ》を敷いて行われるのだが、言葉のもつ力というのは不思議なもので、現実世界とは多少のズレがあったとしても、言嘐の真意は何となくからだの中へとインプットされて、ときに人の背中を強く押すことがある。

外来宗教のなかでも日本文化にことさら縁の深い禅宗は、菩提達磨《ぼだいだるま》にはじまるとされる。九年間、壁に向かって坐り続けたというダルマさんは、いまだに心願成就の定番キャラクターとして、日本人の心の深層に何らかの信心を与え続けているようだ。その只管坐り続ける修行から開かれてきた世界というのは、いったいどのようなものであったのだろう。

「ダルマ」というのは、もともとはインドの言葉で、万物の「摂理」とか、人の踏み行うべき「道」のことを意味している。つまり自然のなかにも、人間のなかにも、同じように存在する秩序あるはたらきが「法《ダルマ》」であって、その真実を見極め、体得するための根本に、ダルマさんはまず「坐る」ということを自らに課したわけである。

「坐る姿勢」の大事であることを語るとき、日本ではいまだに多くの人から共感を得ることができる。こうした感覚も、古代・中世の昔から培われてきた文化伝統の賜物であると私は思うのだが、その一方で、子どもたちの姿勢の崩れに思い悩む親御さんや教育関係者からの懸念の声も、事あるごとに聞こえてくる。

「坐り方」をはじめ、立居振舞いの技術については『からだのメソッド』(バジリコ)や『美しい日本の身体』(ちくま新書)などの書物で筆者なりの考え方を示してきた。「坐」が整うことによってもたらされる効用については、健康や美容、身体の勁《つよ》さ、などが目に見えて現れてはくる。しかし、釈迦《しやか》をはじめ、達磨や日本の空海、最澄、道元などの高僧たちが、只管坐り続ける修行をしてきたことの根本には、そうした現世利益とは別次元の理由があったはずである。

床坐《ゆかざ》の習慣が失われてからというもの、古代の開悟者たちが伝え続けてきた「坐」に対する見識や、そこを原点にして組み立てられてきた言葉や空間、道具などにも込められた「道理」の由縁が、まったく見えなくなってしまった現実が、目の前に広がっている。

歴史を振り返ると、日本人は「坐る」ということに強いこだわりをもって自分たちの文化を築き上げてきた。食事の作法や挨拶《あいさつ》の仕方、襖《ふすま》や障子の開《あ》け閉《た》てや人と交わる距離のとり方など、かつては日常のあらゆる場面で、「坐」を中心とした振舞いの形が、からだの自然を整えるような配慮のなかで秩序立てられていた。伝統的な衣服や建築、調度などの道具についても、その使用法に着目すると、床坐文化に独特の美しい様式が、身体技法との密接なかかわりのなかで保たれてきたことがわかる。

「坐」の周辺に広がる世界は、日本文化のあらゆる場面に及んでいる。「坐り方」から歴史を掘り下げてみると、たとえば「正坐」を正しい基準とする現代の常識からは、想像もつかないような日本文化の姿がみえてくる。「坐る」というシンプルな動作によって、古来日本人は何を伝え継いできたのか、まずは腰を落ち着けて、じっくりみていくことにしよう。

本文中の引用文のうち、原典が旧字、旧かな遣いで書かれているものは、すべて新字、新かな遣いにあらためた。

序章　畳と日本人

畳の記憶

畳や床の上に直接腰を下ろして坐る「床坐《ゆかざ》」の習慣が、日本人の伝統的な生活の形であったことは、おそらく多くの人が知っているだろう。それはつい三、四〇年前まで、日本の一般家庭のどこにでも見られた風景であった。こうした立居《たちい》のスタイルを専門用語では「起居様式」と言うのだが、それは日々の動作のくり返しのなかから振舞いの形をつくり、とかく煩雑になりがちな日常の茶飯事を、端正に秩序立てていく役割を果たしてもいた。畳敷きの居間に卓袱台《ちゃぶだい》があり、冬にはそれが炬燵《こたつ》に代わり、家族の集まる中心のような場所を、質素な暮らしのなかにも容易にしつらえることのできるそのスタイルは、永い永い歴史のなかから結晶するようにして築き上げられた身近な文化遺産でもある。

ある日、大手ゼネコンに勤める友人と久しぶりに会って、日本の住宅事情に話題が移ったとき、彼の顧客がどのような住まいを求めているのか、という話を聞かされた。

「いまマンション建てても和室欲しがる人なんていないからねえ」

と、彼はこともなげに言うのだが、無数の事例を見てきた人の意見であるだけに、妙に説得力があった。時流を考えれば当然の成り行きと言えなくもないが、一瞬、背筋に寒気が走るような思いがした。

「いまや畳は過去のものになってしまったのか」

と、ふと思われて、寂しさだけでは片づけられない、何か厖大な遺産が失われていくような喪失感を、そのときは覚えた。

そんな矢先、この本の企画を下さった編集の方に会うと、「やっぱ家を建てるんだったら一部屋くらい和室は欲しいでしょう。日本人なんだから」と、いまでもそれが国民感情であることを信じて疑わない、という風に明るく言い放たれる。どちらも現代日本人の意見としてリアルに響くけれども、「畳＝床坐」に対する両者の温度差は大きい。

より正確な統計を調べてみると、リビングデザインセンターＯＺＯＮＥが東京ガス都市生活研究所と行った畳についての意識調査の数値が残っている。首都圏の集合住宅に住む二人以上の家族世帯の主婦を対象に行われたアンケートによれば、「畳が好き＝八一％」「嫌い＝四％」「どちらでもない＝一五％」と、ほとんどの人が畳に対して愛着を感じていることが一目瞭然《いちもくりょうぜん》の結果となっている（有効回答数は八三六件。一九九四年八月）。

その他にも、二〇〇九年五月にヤフーがインターネット上で行った畳に対する意識調査のデータがあって、畳は「ほしい」か「いらない」かというアンケートに二万一六一五票の投票が寄せられた。その内訳は、畳は「ほしい」と答えた人が一万七一一六票で七九・一九％。「いらない」と答えた人が四四九九票で二〇・八一％。いずれの調査にしても八割方の人は「畳に何らかの必要性は感じている」ということが示される結果となっている。

それにしても「和室欲しがる人なんていないからねえ」と言った、ゼネコン勤務の友人の声をどう理解したらいいのだろうか。

「起きて半畳、寝て一畳」と言うように、かつて畳は日本人の暮らしの土台に敷かれていて、その上で営まれたさまざまな記憶が、藺草《いぐさ》の香りやその柔らかい感触とともにあった。だから人生を終えるときには「畳の上で死にたい」というような心情になることも、日本人にとっては極めて自然なことなのだ。

そういう心情的な愛着は、いまでも私たちの心に深く残っているのだろうが、椅子とテーブルが普及してからというもの、畳の上ではどのように坐ったらいいのか、どのように寛《くつろ》いだらいいのか、という作法の多くが忘れ去られてしまった、という現実も否めない。

畳で寛ぐには技がいる。昔の人は正坐のような足にストレスのかかるものばかりではなくて、床坐で寛ぐための技と道具をふんだんにもっていた。そうした床坐で寛ぐための具体的な方法について、古来の遺産に尋ねていこうと思う。

和室が大好きになった女子学生

「住めば都」という言葉があるが、畳の部屋に暮らして和室のイメージを大きく覆《くつがえ》された、という女子学生のレポートから紹介してみたい。

東京は茗荷谷《みょうがだに》にある有名女子大に合格した彼女は、その年の春から姉と二人暮らしをはじめる。両親が用意してくれた新居には和室と洋室の二部屋があって、洋室の方は角部屋。しかも出窓がついている。

フローリングの上に自分用のベッドを置き、花や可愛らしい小物で飾る夢をみていた彼女は、案の定、姉と洋室の争奪戦をはじめる。しかし結果は予想通り年長者に力で押し切られ、妹はしぶしぶ畳の部屋で地味な東京暮らしをスタートさせることとなった。

入居したての殺風景な和室。畳の上に寝っ転がって鬱《ふさ》いだ気持ちを投げやっていると、真新しい藺草の香りが鼻先に立ちのぼるのに気づく。頰《ほお》を押し当てると暖かく、延々と続く畳の目数の向こうに故郷《ふるさと》の景色が見えるようで、「畳も悪くないかも」と気を取り直した。

学生生活がはじまると、彼女は部屋に合わせて卓袱台を購入する。ベッドを置くと部屋が狭くなるから、布団の上げ下ろしは朝晩欠かさず、勉強も食事も卓袱台で賄《まかな》うことに決めた。しばらくすると、実家にあった学習机よりも勉強がはかどることに気づく。日本には床に坐って瞑想《めいそう》をする習慣が、鎌倉時代の昔からあったことを授業で知り、「床坐の方が頭が良くなるんだよ！」と姉に自慢してやったらしい。しかも勉強に疲れたらすぐにその場で寝っ転がれる。この解放感がたまらないという。

極めつけは冬だ。春に買った卓袱台に後づけ式の電熱器を取りつけて炬燵に仕立てる。お盆の上に蜜柑《みかん》とお煎餅《せんべい》を並べて、日本の冬の暖かい風景ができると、「入っていい？」と隣の住人が毎日訪れるようになったという。

というような経験から、彼女はかつて和室に抱いていたイメージを大きく覆されて、文献にはあまり書かれていない自分のなかにある日本文化を再発見したという。

インテリアもファッションと同じく、見た目のイメージがとかく先行しがちだが、「身体が感じる心地よさ」を選択肢の中心にもってくると、さらにひと味、和室への愛着も深まってくるということのようだ。

座敷だと人間関係の敷居も低くなる

欧米化した日本の都市で生活をしていても、座敷に上がるとつい打ち解けてしまうような感覚が、私たち日本人の身体のなかには残っていることだろう。居酒屋や旅館、料亭など、「寛ぎ」をもてなしとする場所では、床坐ができるように、という配慮が行き届いていて、座敷や囲炉裏《いろり》、掘り炬燵など、みんなが同じ地平に腰を下ろすことのできるしつらえの人気は、いまだに根強いものがある。

たとえば会社の忘年会の風景などを想像してみると、広間に座卓が並んでいて、ビールにお造り、鍋《なべ》などがのっている様子が目に浮かぶ。実態はどうあれ、テレビＣＭやドラマなどでよく描かれる典型的な年の瀬の風景である。もしこれが椅子坐のテーブル席で、銘々の前にナイフとフォークがセッティングされている洋風の忘年会だったとしたら、社員同士のコミュニケーションはだいぶちがったものになりそうだ。

椅子坐には椅子坐文化の作法があって、列席者すべてと淀《よど》みなく会話を回していく西洋式コミュニケーションの流儀は、日本古来の「座」のつくり方とは、いまだに大きな距離がある。そもそも「椅子」というモノ自体が、人の居場所を確保する道具であると同時に、人と人との距離や身分を保つ「間仕切り」の役割を果たしている。

たとえばヨーロッパの宮廷には、すわる椅子の種別によって地位や身分が判断される風潮が古くからあって、こうした感覚は日本の学校やオフィスにも浸透しているようだ。たとえば先生の椅子は生徒の椅子よりちょっと高そうなものが用意されていたり、「社長の椅子」は社員の椅子よりだいぶ高級なイメージがある。

仕事の上ではそうした人間関係上の規範や制約があったとしても、いったん仕事を離れたときには堅苦しい「仕切り」を取り払って、より人間らしい話をしよう、というのがアフターファイブの居酒屋文化だと言えなくもない。なかでも日常の制約がもっともゆるくなる忘年会や新年会は、日本古来の「無礼講《ぶれいこう》」というしきたりの延長上にあるもののようだ。決められた日時の枠内でのみ、羽目を外すことの許される場が用意されていると、日頃の溜《た》まったストレスを発散するバランス装置の役割を果たす。人と人とが親しく交わり、たまには羽目を外したくなるような状況下では、「間仕切り」のない座敷だと、人間関係の敷居も低くなるようだ。

「無礼講」の心得

ところが人間関係の敷居が低い座敷の空間では、まかりまちがうと距離が近すぎて座が乱れたり、羽目を外しすぎて座が荒れたり、ということにもなりかねないので、座の空気を和《なご》やかに保つのにはそれなりの礼儀が必要である。これについて、明治生まれの尾張徳川家一九代当主、徳川義親《よしちか》が書いた文章があるのでみてみることにしよう。

礼儀正しいと何となく親しみにくいとか、窮屈で困るとか、或は固くるしくて一緒に酒も飲めないというようなことを言う人があるが、真の礼法はそんなものではない。寧ろ心から親しむことの出来るのが礼法の本義である。礼法を本当に心得ている人ならば、それこそ酒を飲んで放歌乱舞しておっても、また喧嘩しても、その中に自ら礼儀というものはちゃんと備わっている。それは礼法がたゞ形だけではなくて、そこに心というものがあるからである。

仮に酒席に於て、皆が酔払って暴れているような時に、自分一人がきちんと坐っているというようなことは寧ろ礼ではない。やはり、人が楽しく飲んでいる時には自分も楽しく飲むがよい。人が暴れている時は自分も暴れるがよい。併《しか》しその中にも礼儀というものはちゃんとある。それを心に置いて度を越さないのが礼儀なので、いくら暴れている時でも、人の頭を踏みつけたり、人を蹴飛ばしたりするようなことがあったら、それは最早礼ではない。暴れ廻ることはいくら暴れても、心掛けのある人ならば決してそれが無作法にならない。寝そべって話していても、それが心得のある人ならば無作法に見えない。そこに礼というものの測り知れない不思議さがあると思う。

（『日常礼法の心得』）

礼儀作法と言われると、とかく堅苦しいイメージがつきまといがちだが、「真の礼法はそんなものではない」と言われて、まず誤った固定観念が小気味よくひっくり返される。そして「心から親しむことの出来る」礼法の本義は、「形だけではなくて、そこに心というもの」がなければならない、と続く。礼法書の具体的な内容については、立居振舞いや食事作法に一定の形式が定められているわけだが、義親の言にしたがえば、礼の「心」はかしこまった席ばかりでなくて、むしろ寛ぎの場にこそ、その真価が発揮されるものなのかも知れない。

座の空気を読む

義親の言う「礼の心」は目には見えないものであるから、見えないものに対して感覚をはたらかせる習慣が失われると、往々にして目に見える「形」だけが取り残されて、礼儀作法の「形骸《けいがい》化」ということが起こりがちである。若い人たちと接していると、心ない形式の背後に立ちこめるあの堅苦しいムードに対して、彼らはとても敏感であるように思う。

型や作法に心を込めることについては、昔の人もいろいろと心を砕いていたようで、私たちが日常的に使っている日本語表現のなかには、見えない心を汲《く》み取るヒントがいろいろと残されている。そもそも「座」という言葉自体が、その場に流れる「雰囲気」や「空気感」を意味する言葉でもあるのだが、学問的には表記の上でひとつの約束事が決められている。

まず「坐」という文字を使った場合、人のすわった「形」や「動作」をあらわし、そこにマダレが被《かぶ》さって「座」となると、すわる「場所」を意味するようになる。解釈はそこからさらに広がって、「歌舞伎座」や「俳優座」といった劇場の呼び名にもなり、人々の集う「空間」や「共同体」、さらにはその場に流れている「空気の質感」までも含むようになっていく。「座を整える」「座が和む」「座を崩す」「座が乱れる」「座が荒れる」という風に、その場に流れる空気感を「座」とあらわす感覚は、おそらく多くの日本人の身体のなかに、いまだ根強く残っているだろう。「坐のとり方」が「心の動き」とひとつのものとなって「座の雰囲気」をつくり出すという考え方には、人と人を結ぶコミュニケーションの土台としての「座」のあり方と、身体と空間とをひとつのものとして捉《とら》える日本人に独特の身体観があらわれている。

近年、空気を読めない人のことを「KY」と呼称した女子高生たちの造語が全国に広がり、一般社会でも普通に使われるスラングになっている。見えない空気感を敏感に察知する若い人たちのセンスにも、日本人に特有の「座」にかんする感覚の名残《なごり》がみえるようだ。

第一章　正坐が唯一の作法ではない

変貌《へんぼう》する和室

日本人が古くから伝え継いできた「からだの使い方」を研究するようになってから、縁あって筆者は茶道を習いはじめた。

ただお茶を飲むだけの、文字通りの日常茶飯事ではあるけれども、その周辺に広がる世界には、懐石、生け花、書画、聞香《もんこう》、陶芸、作庭《さくてい》、数寄屋《すきや》建築など、日本文化のあらゆる側面が取り込まれている。当初は、茶道をやっておけば日本文化を効率よく学べる、という不純な動機で入門をした。研究の道に進みはじめた大学院の学生の頃に、茶人片桐石《せき》州《しゅう》にゆかりのある「慈光院《じこういん》」という寺をたまたま訪れた折、奈良平野に連なる借景を眺めながら出された薄茶がことのほか美味《おい》しくて、茶道を学びたい旨を伝えたところ、東京で石州流の茶を学ぶのならぜひこの方に、と先代住職の奥様から先生をご紹介いただいた。

紹介された先は等々力《とどろき》渓谷にほど近い世田谷区の住宅街にあって、そこには茶道教室の看板があるわけでもなく、人知れず、お家元がその道を護り伝えているといった風であった。また広々とした日本庭園や茶室につながる露地などもなく、外観は普通の住宅の、六畳一間に炉が切ってあるだけの小さな和室で、石州清水流茶道の奥義が伝習されてきた。

いつからか夏には門弟の方々が集まって、懐石の稽古《けいこ》をするのが恒例となっていた。六畳の和室を結界《けっかい》（茶道具のひとつで、境界を示す置物のこと）で二つに仕切り、見立ての「待合い」がつくられ、亭主役の先輩方から桜の花びらを浮かせた桜湯がまず振舞われる。水屋の準備が整った合図とともに結界が取り払われて、今度はそこが茶事の本席へと変わる。六畳の和室は、結界や風炉《ふろ》先屏風《さきびょうぶ》の置き方によって、四畳半の茶室にも、二畳の待合いにも様変わりし、稽古の主旨に応じて、つまり主客の交わりの親密さによって、どのような格式にでも見立てることができるのだった。

空間のスケールを自由自在に変質させるこのような技は、近代的な空間に慣れきっていた自分には、まず驚きであったし、衝撃だった。自分がそこに存在している空間が、瞬時に別の世界へと変質してしまう。その小さなスペクタクルに、身が震えるようだった。

人の居場所とは、壁とドアに四方を囲まれた部屋ばかりを意味するのではなくて、そこに人が坐り、適当な位置にひとつ二つ仕切りを置けば、心の落ち着ける居場所が得られる。

茶人にとっての「座」のあり方は、そこに集う客と亭主が時々の機微に応じてつくり上げていくもので、椅子やテーブルのない無の空間であればこそ、自由自在な間仕切りが可能となっている。

茶人の立て膝

お茶の点前《てまえ》を学ぼうとするときの第一ハードルは、誰にとっても足がしびれることである。日本の伝統的な作法を学ぼうとすると、「正坐に耐えなければならない」と思っている人は多いから、そういう現代的な常識も一応クリアーできるだけの身体能力は養っておいた方が無難ではある。しかし、点茶の作法の歴史を辿《たど》っていくと、必ずしも「正坐」が正しい基準であったわけではない。そのことも正しく理解しておきたい。

石州流茶道の流祖である片桐石州という人は、将軍家の茶道師範をしていたことがある。寛文五年（一六六五）、四代将軍家綱の時代に将軍家の茶道指南役として召された折に、茶の湯のための指南書を献上する。『石州三百箇条』と題するその伝書の冒頭第二条には、「身のかね（曲尺《かね》）」と言って茶を点《た》てるときの身体の配置や姿勢という項目が挙げられている。現代の茶道の常識からは考えられないことだが、当時の茶の湯での正式な坐り方というのは、右の足首を尻の下に畳み、左の膝《ひざ》を立てて坐る「立て膝」だった。
石州の茶は、千利休の長男道安《どうあん》から桑山宗仙《くわやまそうぜん》を経て伝わったものなのだが、『三百箇条』の第三条には「坐」についての次のような文章がある。

居住いに道安私の申し分あり

この一条について、石州流水戸何陋会《かろうかい》によって刊行された『田中素白師伝　石州三百箇条』には、

点前の姿勢は、本来の形はあっても、形にとらわれて窮屈な姿勢で点前をするよりも、自分の体に合った姿勢、つまり自然体で点前をすることの方がむしろよいのである。

という解説が加えられている。

道安という人は栄養が行き届いた人で、「立て膝」で坐ると腹が膝につっかえてしまうくらい太っていたらしく、右足を胡坐《あぐら》のようにした「立て膝」の姿勢で点前をしていたという。正しい型に容易には従えない人それぞれの事情があるのはいまも昔も同じことのようで、とくに将軍相手の指南書では、無理をさせてはいけないという配慮もしなければならなかったことだろう。そこには坐り方の作法を一応定めながらも、場合に応じてちがう坐り方をも柔軟に許容する懐の深さがあったことがわかる。

正坐に対する素朴な疑問

現在、石州流茶道の点前は、他の流派と同じく正坐で行われている。地方の先生方の主催する茶席に入ったときにも、正坐以外の姿勢で点前が行われるのを見たことはない。茶の点前は永いものになると一時間近くかかるものもあり、手習いの頃は誰もがしびれを切らすもので、立とうと思っても足が動かなくなってしまうようなことは、筆者自身何度も経験している。

点前にはそれなりの動きがあるからまだいい方で、客として茶席に参加するときの方がむしろ足はたいへんかも知れない。たまに上座に押し出されたりしたときに、「どうぞお平らに」と坐を崩すよう勧められることもあるが、男性の場合は袴《はかま》を穿《は》いているので胡坐に崩すのは雑作《ぞうさ》ない。しかし女性はキモノなので坐を崩すことは容易にはできない。茶事、懐石の双方を合わせれば、三時間正坐で坐りっぱなしということも珍しくないから、年配の方になると、「足がしびれる」などという生やさしい話ではなくて、後々まで膝の関節に障害が残ってしまい、稽古を断念されてしまう方も少なくない。

稽古が進み、そろそろ流祖の伝書を読んでみたいと思い立ち、お家元から一冊譲り受けて『石州三百箇条』を繙《ひもと》いたときに、膝の痛みに耐えてまで「坐を崩してはならない」という感覚は、本来の茶の湯の姿ではないのではないか、という素朴な疑問がまず浮かんだ。

肥満体のお腹がつっかえて正式な「立て膝」のできなかった道安は、崩した形の「立て膝」で手前を行っていたとされている。それからすると、足がしびれても、膝に障害が残ってでも、「正坐を崩さないことが礼儀である」とする考えは、残念ながら利休や石州の時代とはずいぶん感覚がちがうと言わなければならない。

正坐という「言葉」の落とし穴

そんな疑問から、さまざまな姿勢で点前をする実験を試みると、まず「立て膝」は左手の自由が制限されてしまう難点があり、道安のように太っていなくてもちょっとお腹が苦しくなることがわかった。また「胡坐」は立ち坐りがスムースにできず、正坐に慣れてしまった身にとってはやりにくくて仕方がなかった。しかも茶席で袴を穿くことのない女性たちにとっては膝を立てたり開いたりということはあり得ないわけで、正坐はやはりスタンダードになるべくしてなったんだなぁ、という思いをあらためて確かめる結果となった。

諸説、実践いろいろと考え合わせて、やはり正坐が優れた坐り方であることは認めざるを得ない。男女ともに誰にでもでき、場所をとらず、立ち坐りがスムースにでき、お腹や腰にも負担がかからない。

しかし、これこそが「正しい坐り方」です、という基準が一度定まってしまうと、それ以外の坐り方は「正しくない」「不作法である」という風に、暗黙の内にイメージを連鎖させる「落とし穴」が、「正坐」という言葉のなかに隠されているのだ。事実、石州の時代も、この後の節で述べるように利休の時代も正坐で茶など点ててはいなかったし、道安は「崩しの自由」ということを認めていた。そうすると諸悪の根源は「正坐」という坐り方にあるのではなくて、「正坐を崩してはならない！」とする硬直した考え方の方にありそうだ。

茶席に三つの坐り方

人前で茶を点てる、いわゆる「点前」がひとつの作法として成立したのは室町時代、遅くとも一六世紀のはじめ頃であろう、と考えられている。その頃から江戸時代のはじめ頃まで、武家の茶道では「立て膝」や「正坐」以外の坐り方も状況に応じて使われていたことを示す史料がある。

茶の湯の点前作法を記したもっとも古い伝書のひとつに『当世はやる茶湯故実』というものがあって、利休の五歳年下である興福寺光明院《こうみょういん》の実暁《じつぎょう》僧正（一五二七〜？）が自分の覚え書きに写し取ったものが残っている。文化史家の熊倉功夫氏は、この伝書のなかの

「坐り方」の記述に着目して、当時の茶の湯では一度の点前のなかに「三つの坐り方」が使い分けられていた、と説明する。

> 茶碗に茶をたてたら右の脇によせ、かしこまって柄杓をかまえて釜の蓋をして、次に、膝を立て直して茶をのむ、（略）さらに、茶をのみ終わったら安座をして片付けにかかるのである。
>
> （『文化としてのマナー』。実暁の覚え書きのなかに含まれる、現在「古伝書」と呼ばれている文書の一部を、熊倉氏が現代語に訳したもの。傍点筆者）

傍点で示した三つの言葉はどれも坐り方のことを指しているのだが、まず「かしこまる」というのは「正坐」のことを意味している。「膝を立て直して」と言うからには、茶を点てるまでは基本的に「立て膝」で点前が行われ、釜の蓋《ふた》を閉めるときにのみ「正坐」をし、それから茶を飲む段になるとまた「立て膝」に戻すということだ。つまり点茶のほとんどの行程が「立て膝」で行われていたところをみると、やはり「立て膝」が当時の

「正式な坐り方」と考えて良さそうである。しかも、先ほど紹介した通り、利休の長男道安のように、足を尻の下で畳まない崩した形の「立て膝」も認められていた。

そして、片づけのときには、「胡坐」のように両膝を開き、足を前後に交差させる「安《あん》坐《ざ》」という坐り方（一七七〜一七九頁参照）に崩していく。

袴を常に着用していた武士の場合、「立て膝」をするのに問題がなく、そのうえ「安坐」をするにしても、足を組んだ「胡坐」をするにしても、足はその裾《すそ》に隠れているので外見的にはほとんど区別がつかないため、かなりの自由度をもって足は動かせたものと思われる。

第二章　坐り方の多様性

千利休の坐り方

正坐は「人との対話を大事にする茶人の坐法に由来する」という説が文化史の専門書のなかにもみられるのだけれども、実のところ、この考え方には確かな証拠がない。第一章でもみてきたように、茶の湯の作法が成立した一六世紀はじめ頃から江戸時代のはじめ頃まで、茶道の正式な坐り方は「立て膝」だったし、千利休の肖像画などを見ても、その坐り方は現代風に慎ましく「正坐」しているイメージとはずいぶんちがう。それどころか膝を広々と横に開いて、自分の座を占めるスペースを大きく横に広げている（図1）。

一見すると、足はキモノの裾に覆われているので、胡坐なのか、それとも正坐をして膝を大きく開いているのか、よくわからない。しかし、目を凝らして足元をよく見てみると、キモノの裾から足の先がわずかに覗《のぞ》いている（図1拡大図）。正坐では、足首は尻の下に畳み込まれているので、こういうところに足先が出てくることはあり得ない。このわずかに見えている足先が証拠となって、「胡坐」に近い恰好《かっこう》で坐っていることがわかる。

この肖像は国宝「松林図屛風」で知られる長谷川等伯《とうはく》が、利休の没後四年目（文禄四年

図 1

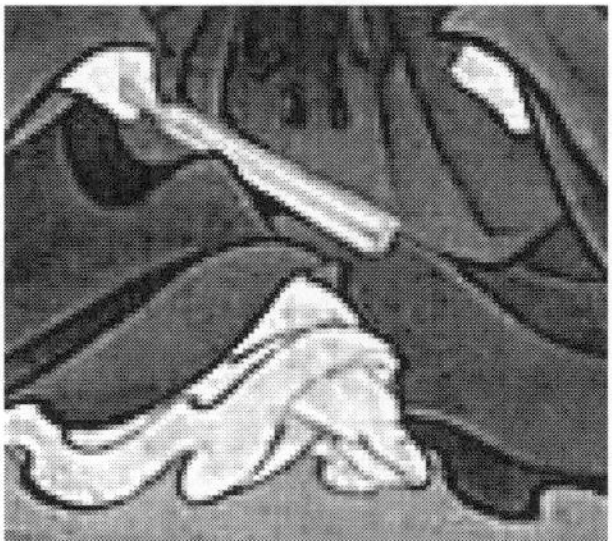

図 1 拡大図

〈一五九五〉）に描いたものだ。等伯は、地方出身でありながら、中央ですでに確固たる力のあった狩野派に伍《ご》する実力を身につけた人物で、利休はその良き理解者でもあって、互いの親交は深かった。生前の利休を描いた等伯自身の画稿をもとにしたと言われるこの肖像は、おそらく利休の印象を正確に伝えているだろう。

その後、何枚か描かれている利休像のほとんどが、姿勢、出で立ち、ともに等伯のものと同様の描き方をしていることからも、この絵が利休像のお手本として決定版になっているようだ。墨染めの上着を羽織り、右手には扇子《せんす》をもち、膝の上に両手を置いて、膝を大きく横に開いたこの坐り方が、肖像画の「決めポーズ」として残されたことで、後世に続く「茶人の身構え」に対しては強いイメージを残したことだろう。

胡坐と安坐

「坐」と「座」とは、坐る「姿勢」と「場所」とを意味していることを、序章で説明した。「座」には「クラ」という読みもあって、「安座」と書いて「アグラ」と読ませることもできる。しかし、現代では「安坐（アンザ）」と「胡坐（アグラ）」とは別々のものと考えられる場合もあるので、この点、あらためて整理しておこう。

もともと「アグラ」とは貴族が坐る「台座」や「腰掛け」などの「座具」の総称であった。「胡坐」と書いて「アグラ」と読ませるのはあくまで当て字だ。「胡」とは、中国の北方や西域の騎馬民族のことで、彼らは日頃馬に跨《また が》って生活していたので、腰掛けを携えて移動し、坐るときにはそれを利用していた。このような腰掛けが日本にも伝わり、「胡床」と呼ばれるようになる。これに腰掛けると足は安楽なので、やがて「台座」や「腰掛け」を使って安楽に坐ることも「アグラ」と呼ばれるようになり、「胡坐」という漢字が当てられたようである。

本書では膝を開いて足を上下に組む坐り方を「胡坐」(図2)と呼び、これに対して足を組まずに前後に揃《そろ》える坐り方を「安坐」(図3)とする。こうすると、言葉上の整理はつきやすい。

利休の肖像では、膝を開いて坐っていても足の全体がキモノの裾に覆われていたが、当時のキモノは現代のものより身幅《みはば》が広く、大きく膝を開いて坐っても、足をスッポリ隠してしまうほどゆったりしていた。したがってキモノの下で足を組もうが組むまいが、外見からは区別がつきにくく、「胡坐」と「安坐」とを細かく区別する神経そのものがはたらいてはいなかったかも知れない。

しかし実際の「坐り方」としては、足を組むのか組まないのか、では技法として大きなちがいがある。まず足首を上下にして組む「胡坐」では、膝が床から離れて浮いた恰好になる（図2）。足を組まない「安坐」では足全体を床にピッタリ着けることができる（図3）。このような足の組み方のちがいは、上半身の保ち方、つまり背筋の印象と深く関係している。膝が床に近く、低い位置にあるほど、腰は立てやすく、背筋も伸ばしやすくなる。つまり、「胡坐」よりも「安坐」の方が、腰には負担が少ないということだ。

床坐に慣れていない「外国人の胡坐（図4）」を見るとよくわかるように、膝が床から高く浮いてしまって腰が立たず、いかにも安定が悪そうだ。床坐に慣れていないと股関節《こかんせつ》が横に開かなくて、どうしてもこのような窮屈な恰好になってしまいがちである。これに対して図5の蓑笠《みのかさ》を被った男性は、半跏趺坐《はんかふざ》と呼ばれる足の組み方（一八七〜一八八頁参照）をしているが、下の足がピッタリ地面に着いていて、いかにも坐りが良い。

このように「胡坐」や「安坐」での坐りの良さは、股関節の柔軟性と深くかかわってい

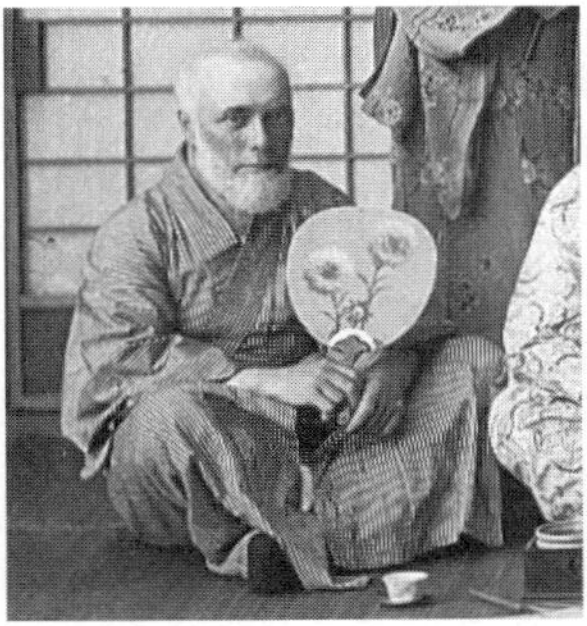
図4

図2

図5

図3

るのだが、足の組み方を工夫するだけでも坐の安定は変化する。ちなみに足首を組む「胡坐」は、外踝《くるぶし》が床に当たって痛いので、座布団などの用意がないときは「安坐」の方がお勧めである。

貴人坐

古い絵画や彫像などをいろいろと調べていくと、膝を大きく横に開いた坐り方が非常に多く見られることに気づく。それも単純な「胡坐」ばかりではなくて、意図してわざわざ膝を大きく開くような坐り方が、とくに身分の高い人々に多く見られるのだ。図6はその典型だ。この坐り方は、過去の研究では「拝み足」「楽坐」などと言われることもあるのだが、どうも名称と身体感覚とのズレが気になるので、あらためて考え直してみたい。

まず「拝み足」というのは、ちょうど「合掌」をするように、「足の裏を合わせる」という意味なのだろうが、残念ながら足の裏の合わさっている事例は中世の絵画にはほとんどなくて、なかには足の裏が正面を向いているようなものまで見られる（図7）。さらにこの坐り方は楽ではない。股関節のストレッチ運動でこれに近い坐り方をすることがあるけれども、そのときは爪先を両手で摑《つか》んで、蝶々《ちょうちょう》の羽のようにパタパタと膝を上下に動かすのである。「蝶々のストレッチ」などと言って子どもたちはよろこんでやるが、足先を手でもたなければ上体を保つことは容易ではない。よほど股関節の柔軟性がなければ後ろにひっくり返ってしまう。

図6

図7

一説には「楽を奏する坐り方」とする考えもあるが、そうした説を裏づける史料というのも残念ながら見当たらない。

では「どういう人がこの坐り方をしているのか？」という問いを立てて史料を調べ直してみると、まず女性は見当たらない。男性に特有の坐り方で、とくに身分の高い男性に見られる坐り方である。したがって、この坐り方で屋外の地べたに直接坐るようなこともない。

屋外でこの坐り方が見られる場合は、たいがい畳が敷かれている。しかもその畳には華やかな縁取りが施されているので、その上に坐っているのは身分の高い人であることがわかる。古くは天皇や公家男性、後には武士階級の肖像画や彫像にもこの坐り方をしているものが多い。

常日頃から床坐生活をしていた時代の人たちは、現代人とは比較にならないほど、股関節も足首も柔らかかったのだろうが、それにしても、このような極端な膝の開き方をして、儀礼や式典の場で長時間坐を崩さずにいるためには、よほど習練を積まなければならなかったことだろう。

「なぜそこまでして、彼らは膝を大きく広げたがるのだろうか？」

と考えると何とも不思議である。

政治的な実権を握っていた人間が、このような坐り方によって自分の存在が占める坐幅を広げることには、まず見た目から人物の大きさを印象づけるという意味合いがあったと考えられる。さらには、立烏帽子《たてえぼし》などを被って上下に大きく見せることが、横に広がった坐幅とのバランスをとるために、造形的にも必然であったことは容易に想像される。

身体を「横に大きく見せる」という工夫は、袴や裃《かみしも》、その他、伝統的な日本の装束にはさまざまな形で見られる。「横に広い」こと、「末広がり」であることを好《よ》しとする日本人に独特の美意識が、坐り方にもあらわれている典型例として、この貴人の坐を捉えてみてはどうだろうか。現代ではほとんど行われないため過去のものになってしまったが、身分の高い男性のみに見られたこの坐り方については、もともと貴族階級にはじまったことから「貴人坐」という名称を与えてみたい。

女御更衣《にょうごこうい》の坐り方

「いずれの御時にか、女御更衣あまたさぶらいたまいける中に……」

とはじまる『源氏物語』は、宮中の美しい女性たちがいならぶ雅な風景を髣髴《ほうふつ》とさせるような描写で幕を開ける。

キモノでは容易に坐を崩すことのできない現代女性の視点に立って宮廷の風景を眺めると、女御更衣たちがどんな坐り方をしていたのか、ぜひとも知りたくなる。

図8は『源氏物語絵巻』「竹河」の場面から。桜咲く玉鬘《たまかずら》邸。壺前栽《つぼせんざい》の桜の所有権を決めようと、碁の三番勝負に興じる姫君たちと、その二人を囲んで自らが仕える姫君を勝たせようと囃《はや》し立てている女房たちの、のどかな春の夕景。図の女性は女房の一人である。

図9は平安貴族の生活を再現した写真で、昭和一一年（一九三六）に刊行された『日本風俗写真大観』から。単《ひとえ》、袿《うちき》、小袿を幾重にも重ね、緋袴《ひばかま》を穿き、ゆったりと坐る姫君はまだあどけない少女のようである。

図10も出典は同じ。夏の一日、泉殿《いずみどの》で涼をとる若君と姫君である。若君は寝そべって

図8

図9

図10

好みの草紙などを見ており、姫君も坐を崩し、寛いでいる。

こうした史料をもとに、「どのように坐っていたのか？」と真正面から答えようとすると、実に難しくなってくる。見てわかるように、宮廷女性の身体は、幾重にも重ねた小袿やゆったりした袴とに覆われていて、「足の処し方がどうであるのか？」ということなど、まったく見ることができない。中世から近代までの史料を見渡した末に、結局「宮廷女性の坐り方は、図像からではわからない」という結論に至った。

実はこの事実、単に「わからない」ということだけを意味するのではない。ひるがえって坐る人の側に立つと、「どのように坐を崩しても外からは見えない」という真実が逆にみえてくるからだ。きっと『源氏物語』に描かれている女性たちも、厚く重ねた装束の下で、膝を立てたり、崩したり、ときには正坐のように膝を畳んでみたりしていたかも知れない。キモノの「ゆとり量」があまりにも広々としているので、足の配置を自由に崩したとしても、見た目の美しさが崩れることはない。その装束のスタイルは、「寛ぎの自由」を確保しながら、「女性の気高さ」をともに包み込むことのできる宮廷女性に特有のファッションであった、と言うことができる。

図11

図13

図12

僧侶《そうりょ》の立て膝

次に寺院の様子から見てみよう。図11は『春日権現験記絵《かすがごんげんげんきえ》』から。立て膝をして文を読む隆覚という僧正の坐である。左の肘《ひじ》を脇息《きょうそく》に置き、右膝を小机のようにして文を置いている。このような立て膝は、意外と安定性が良く、もう一方の足は胡坐のように開いて横にしている。「歌膝」と言われた歌人の坐法も同様の形である。法衣が広々と足を隠しているので、決してだらしなくは見えない立て膝のひとつである。

図12は本願寺三世である覚如《かくにょ》の一代記『慕帰絵詞《ぼきえことば》』である。齢《よわい》八〇を超えて病を患《わずら》う宗昭（覚如の本名）が、若い僧侶に口述筆記をさせている場面である。こちらも脇息に肘をもたせかけ、右の膝を立てているが、墨染めの僧衣の下から白い下着が見えている。同じ立て膝でもこちらは上半身のすべてを脇息に預けるようにしている。一見すると、だいぶリラックスしているように見えるが、実際は自力で坐ることすら困難なほど病んでいる身にむち打って、教えを遺そうとしているところの図である。

これと同じ姿勢で絵を描いている女性が図13。丹塗りの文机《ふづくえ》に肘をつき、右膝を横に立てている。かといって長襦袢《ながじゅばん》や腰巻きが裾から見えているわけでもない。鈴木春信『青楼《せいろう》美人合《びじんあわせ》』の一枚だが、独特ののどかな空気が流れている。

「読み書きをしながら立て膝なんてもってのほか！」といまの常識ならば怒られてしまいそうだが、その「もってのほか」が中世の寺院を描いた絵にも結構見られる。たとえば『融通念仏縁起』には、後に融通念仏宗の宗祖となる良忍《りょうにん》がまだ少年の頃に、立て膝で仏典を素読している場面が描かれている。その坐り方は、春信の遊女とほぼ同様の恰好で、やはり文机に頬杖《ほおづえ》をついている。現代の常識であれば、頬杖ついて、立て膝で、仏典の素読とは何事か！　と一喝されてしまいそうだが、絵巻書の解説には、若き日の良忍を「仏典の素読に余念がない」と讃えるように書かれている（『融通念仏縁起』続日本絵巻大成11）。

このような立て膝は、中世・近世の絵画のなかには非常に多く見られる。とくに図11のような立て膝は、第一章でみた茶会はもちろん、歌会でも正式な坐り方とされていたことがわかっている。同じ立て膝でも、机や脇息に肘をもたせかけると、ずいぶんリラックスした恰好になるので、崩し加減、整え加減が、この坐法を使いこなす味噌《みそ》であるようだ。

女性の立て膝

現代ではとかく行儀が悪いと考えられがちな「立て膝」について、過去の研究者がどのように考えていたのか、学んでみたい。

「坐り方」について書かれた文献のなかで、必ずと言っていいほど引用されるものに、入沢達吉博士の「日本人の坐り方に就て」という論文がある。これは医師でもあった入沢氏が行った講演の筆記録で、大正九年（一九二〇）八月の「史学雑誌」に掲載されたものである。この論文のなかで入沢氏は、江戸時代前・中期の浮世絵を例にとり、「一般庶民は家で正坐をしていなかったのではないか」という考えを示している。入沢氏はこのように推定する根拠となる史料として、菱川師宣《ひしかわもろのぶ》の「妓楼図《きろうず》」、宮川長春《ちょうしゅん》の「男女遊楽図」、西川祐信《すけのぶ》の「男女歓娯図」などを紹介している。

宗教学者の山折哲雄氏は、入沢氏が呈示するこれらの史料が、遊郭という非日常の歓楽的な世界を描いたものばかりで、この点については「用心しておかなければならない」と別の見方を示している。つまり日常を離れた遊里《ゆうり》で「立て膝」が多く見られるのは、そこが日常の社会規範がゆるくなる場所だからであって、むしろ、「浮世絵における立てひざ坐りのポーズは、日常的な生活空間から遊離する意識を身体的にあらわしたものであるといわなければならない」と山折氏は言う。そして浮世絵に見られる「立て膝」は、「一般家屋における民衆の生活様式とは真っ向から対立する類型的姿態であったのである」と結論づける。さらに「立てひざ坐りは、日常の秩序に抵抗し、それを嘲笑してはいないか」と「立て膝」に対する否定的な見方をしている（『「坐」の文化論』）。

もともと入沢氏の論文は、専門を異にする人々に対して行った公演の筆記録なので、

図14

図15

図16

「私は色々と調べたものに依てそう考えるのであります」と本人が言うように、学術的な実証研究ではなく、印象をしたためたような報告である。しかし実際に、中世から近代までの史料を調べた結果、筆者の考えを述べると、まず「立て膝」の問題については入沢氏の考えの方に賛成したいと思う。入沢氏が呈示した史料は、確かに「妓楼図」や「歓楽図」といった遊里を描いたものばかりではあるが、中世の絵巻を見ると、庶民の日常生活のなかでも「立て膝」をしている女性が普通に見られるのに対し、正坐をしている人が極めて少ない。また寺院のなかで説法を聴くようなかしこまった場面でも、女性が「立て膝」をしている事例は多くある。

具体例を見てみよう。図17は『法然上人絵伝』、図18は『春日権現験記絵』。女性はみな頭から衣をすっぽりと被った被衣《かずき》姿で、顔以外は全身が隠されているけれども、「立て膝」をしている人は、そのシルエットからはっきりと見分けることができる（図17拡大図、図18拡大図）。また異なる絵巻のなかの同じような場面だが、それぞれを比較すると、民衆の出で立ちや坐り方、堂内に敷かれた畳の配置までよく似ていて、当時の寺院の様子が手に取るようにわかる。

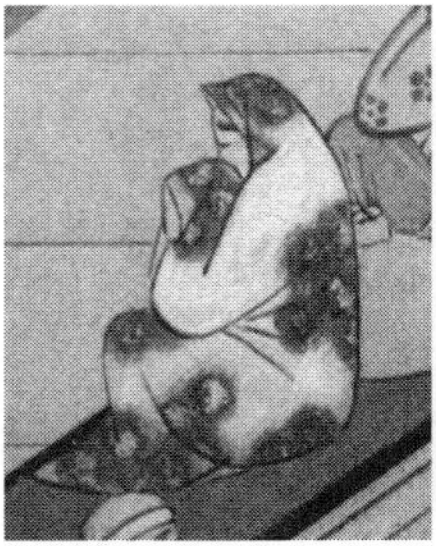

図17拡大図

図17

図18拡大図

図18

寺の堂内に敷かれた畳の上で、僧侶のありがたい説法を「立て膝」で聴いている女性たちの姿を見ると、当時「立て膝」は、正式な場で女性が行ったとしても決して行儀の悪い坐り方ではなかったことがわかる。画面のなかには正坐とおぼしき人も幾人かは見受けられるけれども、この頃は正坐ばかりが正しい作法ではなかった、と見る方がむしろ自然である。

入沢氏が取り上げていたのは江戸時代の前・中期の史料だったが、その頃に時代を戻しても、第一章で触れた茶人の「身構え」のことが思い出される。四代将軍家綱の時代に将軍家の茶道師範を務めた片桐石州は、「立て膝」を正式な坐り方と定めた。そこでも触れたように、千利休が茶道を大成する以前、遅くとも一六世紀のはじめから、片桐石州が茶道師範を務めていた江戸時代の前期までは、「立て膝」で点前をすることが普通だったのであり、当時「立て膝」は、山折氏が指摘するような「民衆の生活様式とは真っ向から対立する」ものでも、「日常の秩序に抵抗し、それを嘲笑」する性格のものでも決してなかった、ということが、史料から読み取れる筆者の率直な感想である。

仕事の立て膝

かつて「立て膝」は女性がしても不作法な坐り方ではなかった、ということがわかったとしても、現実問題として、いまの時代に、茶会や座敷席でキモノ姿の女性が「立て膝」をしたら、まわりの人は相当ビックリするだろう。すでに正坐に慣れてしまった私たち現代人と、江戸時代や室町時代の人々とでは、感覚が相当ちがってしまっているし、さらに当時と現代とではキモノの寸法が大きくちがう。現代のキモノは正坐以外の姿勢ができないように、身幅が狭くつくられていて、膝を立てたり開いたりしたらたちまちにふくらはぎが露《あらわ》になってしまうようにできている。

では昔の人はどのようにしていたのか、もう少し「女性の立て膝」にこだわって、古い史料に学んでみたい。

図19は、「立て膝」に坐って砧《きぬた》を打つ江戸中期頃の女性の再現写真である。京都の裕福な商家の娘の様子を示しているという。右足は正坐のように畳み、左の膝は胸元までしっかり立てているが、裾ははだけていない。そろそろ庶民にも正坐が一般的になりつつある江戸中期の女性でも、細々とした作業時にはこのような「立て膝」を普通に行っていたこ

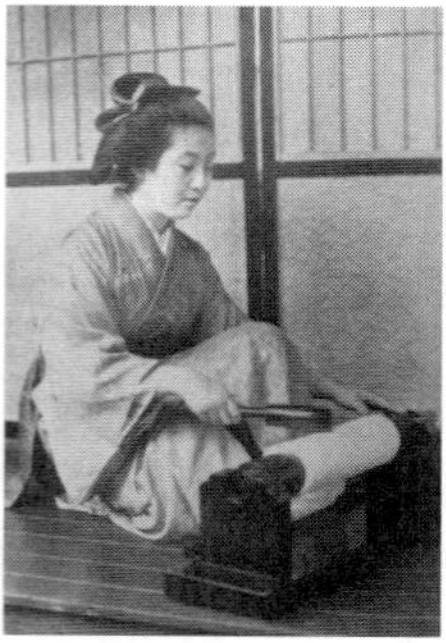

図19

図20

図21

とを示す史料である。

図20、図21は明治中期の炊事の場面である。この頃でも庶民が家のなかでテーブルを使う習慣はなく、炊事のときは畳や板の間に直接坐り、野菜を切ったり（図20）、すり鉢を扱ったり（図21）していた。髪に埃《ほこり》がつかないように手ぬぐいを被ったり、袖を濡らさないように襷《たすき》掛けをしたり、必要があれば「下穿《したば》き」を着けて裾が乱れても大丈夫なように配慮した。

こうした写真からわかる「立て膝」のひとつの心得は、縦には膝を立てても、横には決して開いていないことである。実際にやってみると、このような坐り方で膝をしっかり閉じているためには、内股に一定の筋力を必要とする。写真の女性たちが膝を立てていても決してだらしなく見えないのは、身体の中心に適度な緊張が保たれていて、造形的にもバランスの良い坐が保たれているからだと思われる。

ここに示した写真の女性はみな、立てた膝の反対側の足を尻の下に畳んでいる。このように片足だけでも尻の下に敷いていると、次の動作に移りやすく、活動的な機能性をもった「立て膝」と考えることができる。

踵《かかと》に坐る技

床に坐ることを誰もが日常的に行っていた頃の日本では、「踵を座具に用いる」ということが普通に行われていた。現代では、相撲取りが勝ち名乗りを受けた後に、手刀で「心」という字を斬って懸賞金を受け取るときなどのあの坐り方が馴染《なじ》み深い。これを一般的には「蹲踞《そんきょ》」と呼ぶが、踵に坐る技については、他にもいくつかのバリエーションがあるので、このカテゴリーを「踵坐《しょうざ》」として、次にみていくことにしよう。

そもそも「踵坐」はどのようなときに行われるのか？　と考えると、室内と屋外とでは役割が少々ちがってくる。図22は右端の若い男が片膝を立て、もう片方の足の踵に坐って、傍らで胡坐をかいている男と何か話しているらしい様子が描かれている。この坐り方の対比から二人の関係は、膝を大きく開いて坐っている男が物を言いつける者であり、踵に坐って、片膝を立てている男は物を言いつかる立場の者であると思われる。

このように自分の踵の上に腰を下ろすと、次の動作に移りやすく、緊張がゆるまないことから、一時的な「控え」の姿勢としてこの坐り方がよく用いられる。したがって食事のときに「踵坐」で食べるような作法はあり得ないわけで、仮に茶会の客席などで「正坐」の足首を立てて「踵坐」に直したとしたら、亭主に対して退席を希望する意志の表示ともとれる。

これが屋外になるとまた意味が変わってくる。たとえば身分の高い人の傍らに控えるときに、仕える者は屋外でも膝を下ろす。このときに、地べたに直接坐らずに、踵の上に坐る（図23）のだが、これは単純に「服を汚さないため」という理由が大きいかも知れない。高貴な人は屋外でも畳や座具をもち出して、室内と同様の坐り方をするけれども、その周辺に仕える身分の者たちにとっては、地べたの上で自分の踵に坐る「踵坐」の作法は、身

図22

図23

図24

につけておくべき必須の技法であったようだ。

これまでみてきたように「踵坐」には三つの種類がある。ひとつは相撲取りが行う両膝を大きく開いた「蹲踞」。次に片膝を立て、もう片方の足の踵に坐る「片踵坐」。そして両膝を地面に着けて両方の踵に坐る「両踵坐」である。『春日権現験記絵』には、この三つの「踵坐」が同時に描かれている一場面がある（図24）。公家の邸宅でこの家の若君がこれから行く鷹狩りに心をはやらせているらしき場面である。濡縁に腰掛けた若君を囲んで、近習たちも「蹲踞」「片踵坐」「両踵坐」と、自分の踵の上に坐って主の憩いの時間をともに楽しんでいる。

武士のヤンキー坐り

幕末の日本を撮影した写真を調べていたときに、図25の映像を見つけた衝撃はたいそう大きなものだった。武家屋敷の玄関の前。黒漆に蒔絵《まきえ》を施した豪奢《ごうしゃ》な駕籠《かご》で身分の高そうな武士が登城するという場面である。駕籠を取り囲む者たちは頭を低くして殿の御前に控えている。その坐り方は何ということか。家臣らしき武士までが「ヤンキー坐り」をして

図25

図25拡大図

図26

いたなどとは、まさか想像だにしなかった。それもこの一枚だけではない。他にも同じような事例がないかと探してみると、ある！（図26） 切り株に腰掛けた浅黒い顔の男は紋付きを羽織り、左膝の上に扇子を立てて右手に書物らしきものをもっている。いかにも偉そうにとしているが、頭を低くしている町人風の身なりの者は両立て膝でしゃがみ込み、いわゆる「ヤンキー坐り」の恰好だ。

地面に「這《は》い蹲《つくば》る」ようなこの恰好を絵的に美しいと感じる人はあまりいないとは思うが、当時この坐り方は「つくばう」と呼ばれていたものと思われる。ちなみに現代の「正坐」の恰好にも、かつては「つくばう」という呼び名があった。このことは、立場が劣る者が「這い蹲る」「屈服する」という意味合いが正坐という姿勢のなかに含まれていることを示している。

図25では、同じようなしゃがみ込む恰好でも、羽織袴の武士は少し上体が起き上がっていて、それほどヤンキーっぽくはないが、袴を着けていない従者たちは太腿《ふともも》に胸を預けて、いまで言う「ヤンキー坐り」そのものだ。出で立ちから想像すると、財政に余裕のない家臣たちが外回りの雑事のために町人を雇っていたのかも知れない。その坐り方には、決ま

ったスタイルがあるわけでなく、とりあえず頭さえ高くなければ、足の処し方はうるさく言わない、といった風である。

比べては悪いが、宮廷に仕える侍たちは控えのときの身構えにもスタイルがあって恰好が良い。

図27は『春日権現験記絵』より、藤原教通《のりみち》邸での場面。内裏に出仕する教通を乗せた牛車の前にいる家臣たちのうち、牛車近くに坐っている四人の武士は、漆塗りの弓を右手に、左膝を立てて対する右膝を大きく開いた「片踵坐」に構えている。おそらく弓術の手練《てだれ》なのだろう。大の男が四人揃《そろ》ってこのような立て膝に構えていると、いかにも壮麗で、威厳が感じられる。宮廷に仕える人々の佇《たたず》まいには、その使命に相応《ふさわ》しい尊厳が、どの役目の者にも備わっているように見える。

ドラマ「水戸黄門」の決め台詞《ぜりふ》ではないが、「頭《ず》が高い！　控えおれ！」と言われたら、とりあえず頭だけは低くして御上に「つくばう」姿勢をとることが、武家社会のなかで普及していたのだとしたら、その坐り方は辻《つじ》で博奕《ばくち》を打つ庶民の男たち（図28）と何ら変わらない形が定着していたということだろうか。それにしてもこの坐り方（図25、図26）の

図27

図28

屈服加減を見ていると、古典落語などでよく揶揄《やゆ》されている下級武士の人望のほどが想像できるようだ。

「整えること」と「崩すこと」

次に幕末における上級武士の肖像から、「正坐」と「立て膝」との対比を見てみたい。図29は幕末の長崎奉行、服部常純の写真である。図30は中央の上田藩藩主松平忠礼《ただなり》とその藩士が酒宴をしている様子。まずは二つの画面に満ちている空気感のちが

図29

図30

いに目を凝らしてみると、「座を整えること」と「座を崩すこと」の意味合いのちがいが感じ取れるように思う。

風折烏帽子を被った服部常純は、肩幅程度に開いた膝の上に右手にもった中啓《ちゅうけい》をのせている。正坐のようだが腰の位置がえらく低い位置に沈んでいて、もしかしたら踵の間にお尻を落として「割坐」（一七四〜一七五頁参照）で坐っているかも知れない。袴を穿いていると足が見えないので、「正坐」でも「割坐」でもちがいがほとんどわからないのだ。足の配置はどうであっても、頭の位置がまっすぐ背骨の上にのっていると、非常に整った、緊張感のある姿になる。肖像写真のために常純のとったこの姿勢は、おそらく彼の身分に相応しい正式な坐とみていいだろう。

一方、図30はだいぶ寛いだ雰囲気だが、酒宴では殿様も「立て膝」「頬杖」を平気でついていることに興味を引かれる。序章では酒宴の礼法についても触れたけれども、「心から親しむことの出来るのが礼法の本義である」という徳川義親の言葉を思い起こせば、松平忠礼の「頬杖」「立て膝」も、ただだらしなく崩れているだけでもないように思えてくる。とっくりをもつ左手前の侍は、「立て膝」で列席する者に酒を勧め、他にも膝を立てている者が忠礼を含めて三人ほど見える。

これら上級武士の二つの写真を対比させてみると、坐り方にも「座を整える」場面と「座を崩す」場面とがあって、とりわけ「座を崩す技」にかんして昔の人たちは多彩なバリエーションを身につけていて、時と場所に応じてそれらを臨機応変に使い分けていたことがわかってくる。また逆の見方をすると、服部常純の写真のように、常日頃から「座を整える」訓練を積み重ねているからこそ、それが「座を崩す」場合にも生きてくるという面もあるのかも知れない。

われわれ庶民の日常ではどうでもいいことのようでも、公家あるいは武家などのように、多くの人々を円滑に統率しなければならない立場の人々にとっては、礼法はとても切実な意味をもっている。挨拶《あいさつ》の仕方、食事の仕方はもとより、坐のとり方や立居振舞いに一定の約束事が定められていることの強みは、そのルールを共有することによって、さまざまな立場の人々が親しく交わることを可能にしてくれる点にある。

元来「崩しの美学」というものも「整える技」が前提になければ成り立ちようがないものので、意図して「崩す」のと、無自覚のうちに「崩れる」のとではまったく意味がちがってくる。一見堅苦しそうに見えても、作法が身につき、人との交わりが深まってくると、型がさまざまな「心」を盛り込むことのできる「器」としての役割を果たすこともわかってくる。そして、作法を使いこなせるという前提があるからこそ、座を崩しても同席者に無礼をはたらくことなく、むしろ親交を深めることができるのだ、というのが酒宴の作法にかんする義親の真意であったと思う。

異なる価値観、生活環境をもつ人々がともに集う社会では、まず表向きを「整えること」が基本に置かれるわけだが、その一端に「崩しの自由」を取り込む幅をもたせておくと、日常の規範に潤《うるお》いを呼び込むゆとりが生まれてくる。

形式化された規範だけではストレスが溜まるのはいまも昔も同じことで、それを上手に発散させるための酒宴や祝祭、年中行事などという「遊技娯楽」の時空間は、常に新たな文化を生み出す中心的な役割を担ってきた。礼を失せずに羽目を外すことができるための知恵が、形式好きの日本社会における潤滑油となり、成果や能力といった目に見える価値だけでは測ることのできない「豊かさ」を、人々の心の内に育ててきたものと思われる。

第三章　なぜ正坐が広まったのか

古代・中世の正坐

昔の日本人の生活にはいろいろな坐り方のバリエーションがあった、ということがわかったところで、では「いつ頃から、どのような理由で、正坐が広まったのか？」ということが気になってくる。

江戸時代も中頃になると、浮世絵や肖像画のなかに正坐で坐る人たちがちらほらと見られるようになるのだが、それ以前の室町時代や鎌倉時代、平安時代の絵巻のなかで、正坐をしている人の姿は極めて少ない。庶民も武士も僧侶も公家も、古代・中世の日本人は大半が「胡坐」や「安坐」、「立て膝」などで坐っているのだ。

とは言っても古代・中世の日本に「正坐がまったくなかった」というわけでもなくて、いくつか例外的な存在としてあるにはある。もっともこの頃の日本のキモノは身幅がゆったりしていたから、キモノのなかで足を組もうが畳もうが、外目からはよくわからない場合が多いのだが。そんななかでも明らかに正坐で坐っているとわかる例がひとつ、『慕帰絵詞』のなかにある（図1）。場面は勝林院の厨房《ちゅうぼう》。囲炉裏ばたで煮炊きの番をしている男性は、厚く編まれた円座の上に正坐で坐っている。

この他にも寺院関連の絵巻（『稚児観音絵巻』『一遍上人絵伝』など）のなかには、正坐で坐っている僧侶が描かれていたりもするのだが、絶対数からすると極めて少なくて、中世の日本人にとって一般的な坐り方であったとは到底思えない。

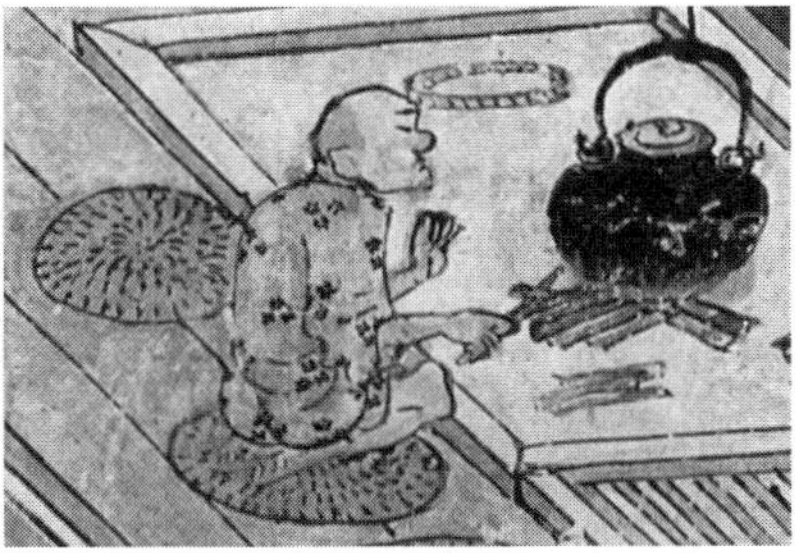

図1

図2

ただし、史料でいろいろな坐り方を見ていると、昔の人は足首も股関節もとても柔らかかったことが一目瞭然で、たとえ正坐が一般的な坐り方でなかったとしても、やろうと思えば簡単にできただろう、ということも容易に推察できる。たとえば図2にあるように、屋外で踵の上に腰を下ろして十分に寛げるほど足首の柔らかい人たちにとって、正坐で坐ることなど雑作もなかったことだろう。しかし古代・中世の人たちは、好んで正坐をすることも、正坐を広めようとすることもなく、むしろ男性は膝を大きく横に広げて堂々と坐ることを好んだし、女性もゆったりとしたキモノの下で、自由に足を組んだり立てたりして、寛いで坐ることを好んだ。

やろうと思えば正坐くらい簡単にできるけれども、それを「正しい坐り方」だとは考えず、もっと別の美意識の上に古代人や中世人の坐は成り立っていた、というのが、史料から推察できる実態のようである。

幕末女性は正坐で寛ぐ

時代が大きく飛ぶようだが、幕末・明治の頃に撮影された日本の風俗写真で確認してみると、中世とは打って変わって、女性はたいがい正坐をしている。男性の場合は胡坐、立て膝、正坐などいろいろな坐り方をしているのだが、家のなかでの女性の坐り方は、すでに幕末・明治の頃には、正坐が一般的になっていた様子が窺《うかが》える。

しかも正坐で坐る幕末女性たちの表情を見ると、とくに苦痛な様子もなく、火鉢に頬杖をつきながら本を読んでいたり（図3）、川の上に張り出した座敷（川床）で涼んでいたり（図4）、縁側で日向ぼっこをしたり（図5）、いかにも寛いでいそうな場面でも正坐で坐っている。第二章でもみたように足を崩す場面があったにしても、子どもの頃から床坐に慣れていた当時の女性たちにとって、それは寛ぎの姿勢であって、苦痛を強いられる坐り方ではなかったかも知れない。

囲碁を打つ（図6）、読み書きをする（図7）、三味線を弾く（図8）など、かなりの時間坐り続けるような場面でも、幕末・明治の女性たちは正坐姿で悠々と写真に収まっている。どれも絵的に端正で美しく見えるけれども、当時の人々は正坐で足がしびれたり、膝を痛めたりすることがなかったのか、気になるところではある。

これらの写真は、都市部に住む町人の暮らしばかりではあるが、その範囲内においては、「江戸時代の終わり頃には、とくに女性たちの間で、正坐が一般化していた」と考えてよさそうである。しかし「日本人の坐り方」という場合、都市に住む町人以外にも、農村や漁村、山村に暮らす人々も存在していて、写真に撮られることも、絵画に描かれることも

図3

図4

図5

図6

図7

図8

なかった彼らの暮らしのなかに、どの程度正坐が普及していたのかは、実のところ、よくわかっていない。

もっともこの頃「正坐」という言葉は存在せず、第二章で挙げた「つくばう」の他「端坐」とか「かしこまる」などと呼ばれていた。「かしこまった」姿勢で端正に坐るためには、芸事や食作法などの教育がある程度は必要で、地域や階層のちがいによっても、十分な躾《しつけ》を受けて育った人々と、そうした教育を受けたことのない人々とが存在していたことは考慮に入れておかなければならない。

武家儀礼から広まる端坐

平安時代から江戸時代のはじめ頃まで、正坐は極めて珍しい坐り方であったのだが、幕末になるとこれが町人女性の一般的な坐り方になっている。日本人の生活に正坐が登場し、庶民一般にまで広まるそもそものきっかけとはどのようなものだったのだろうか。

これには諸説があるけれども、ひとつはっきりしているのは徳川幕府が制定した武家儀礼の影響力である。正坐の存在を示す例ということであれば、少数ではあるけれども古代にも中世にもある。しかしその頃は、正坐をひとつの作法として確立し、世に広く普及させるという動きは起こらなかった。これが江戸時代になると戦乱が治まり、参勤交代をはじめとして、諸大名の守るべき儀礼や格式が厳格化していく。とくに将軍に拝謁する儀礼では、身分にもとづく坐次（席順）や服装、言葉遣い、さらに「坐《ざ》作《さ》進退《しんたい》」と言って、坐り方から立居振舞いに至るまで厳格に作法が定められた。

徳川幕府の制定した厳しい管理体制は、血の気の多い武将たちを押さえ込むことを第一目的としていたわけだが、その原型は室町幕府の武家儀礼を踏襲したものが大半を占めていて、両者は非常に多くの共通点をもっている。ただし、正月の将軍への拝謁のときの坐り方が、室町時代には「安坐」や「胡坐」であったのに対して、江戸時代の二代将軍秀忠の頃には「端坐（正坐）」となるなど、この間、坐り方の作法に変化が生じていることを、中世史家の二木謙一氏が指摘している（『中世武家の作法』）。

武家儀礼とはあくまで将軍家を中心とした上級武士のためのもので、それが世間一般に広まるまでにはさらに時間を要しただろう。しかし、それよりもっと根本的な問題として、室町時代から江戸時代の間に、武士の坐り方が「安坐」から「端坐」に変わったことの意味を考えてみたい。両者は身体の技法としてはまったく異なる性質をもった坐り方なのである。

「安坐」と「端坐」の政治的意味合い

日本人の坐り方を考えるとき、江戸時代という時期は大きな分岐点であったようだ。この時代に「正坐」が徳川幕府の武家儀礼から庶民一般へと広まっていったことはまちがいないが、それ以前、中世の武士たちが好んでこの坐り方をすることはなかったことは、これまでくり返しみてきた。

中世の絵巻で確認できる「正坐」の事例は、僧侶と女性の数例に限られていて、武士はだいたい安坐や胡坐で坐っている。この頃、身分の高い男性はみな膝を大きく横に広げてどっかりと坐っていて、僧侶のほんの数例の他には、膝を閉じて「端坐」している男性の姿はまず見つけることができない。

ここで第二章で説明した「貴人坐」について思い出していただきたい。古代・中世の身分の高い男性は、股間の前に踵と踵を合わせて、安坐や胡坐よりももっと大きく膝を横に広げて坐る作法をもっていた(図9)。

可能な限り膝を大きく横に広げ、立烏帽子や冠を被り、自分の存在をより大きく見せることを好んだ古代・中世の男性たちが、慎ましく膝を閉じた「正坐」の姿勢を好まなかったことは容易に想像がつく。豊臣秀吉に仕えた茶人の利休でさえも、その肖像画には膝を大きく横に広げた胡坐に近い坐り方をした姿で描かれているのである。

江戸時代になるとそれまでの常識が覆り、「端坐」という新しい価値が武士の間に定着しはじめる。それは「端正に坐る」ということの他にも、坐次を重視した殿中の儀礼においては「下座の端から坐る」という「折り目正しさ」も求められたことを意味している。将軍に拝謁するもっとも格式の高い儀礼のなかで、忠誠を誓う大名たちの坐法は、各々の存在をより大きく見せる安坐や胡坐よりも、慎ましく膝を閉じて「かしこまった」坐り方がより好ましいと考えられたにちがいない。またそれは、身分の高い者に対する「つくばう(屈服する)」という身体的な記号でもある。

血の気の多い武将たちが膝をぶつけ合っていた戦国の時代から、天下太平の世を実現した江戸時代へと移り、幕府は地方の藩主が謀反を起こしたりすることのないようにその力

図9

を押さえ、将軍に対する忠誠を守らせることを絶対的な使命とした。戦乱のない平和な時代を維持するために全国に布《し》かれた幕府の強力な管理体制があり、この時代を境に、武士においては、自分の武力や政治力の大きさを誇示することよりも、慎ましく分を弁《わきま》え、身を小さく保ちながら、御上に対する忠誠を厳守することが美徳とされた。その「かしこまった」生き方を象徴する身体的な記号のひとつが「端坐」であり、新しい時代の到来を象徴する上級武士の坐り方として定着してゆく。

正坐の格式

前にも述べたように、「端坐」の作法は、正月のおめでたい席で、全国から江戸城に集まる諸大名などが、将軍に謁見するときのもっともフォーマルな作法としてはじまった。しかしそこから「端坐」が広く普及するまでには暫《しばら》く時間がかかったようである。

第一章でも述べたが、四代将軍家綱の頃に、将軍家の茶道師範を務めた片桐石州は、茶の湯における正式な坐法を「立て膝」とし、場合によってはそれを崩しても良いとしていた。

石州は、小泉藩（現在の奈良県大和郡山市周辺）一万三四〇〇石の所領を治める大名で、家光の時代には将軍家所蔵の御物の分類整理を行ったこともある。武士の儀礼に精通していた石州は、「端坐」で行われる拝謁儀礼の坐法をすぐに茶の湯に取り入れたわけではなかった。したがって、点前での坐は「立て膝」を正式としながらも、客によっては「安坐」や「胡坐」でゆったり坐らせ、茶をいただくときだけ「立て膝」に正す、という作法を用いた。

このような事実から察するに、この頃の「正坐」は、あくまで殿中の儀礼のなかで行われる、特別に「かしこまった」坐り方であったようである。つまり、自分よりも身分の高い人に対する謙遜《けんそん》や忠誠、服従といった態度を示す坐り方として形式化された坐法が「端坐」だったわけである。武士たちは主君と相まみえる「かしこまった」席では「端坐」に正し、茶席のように和やかな親睦の席や、あるいは自分よりも身分の低い者に対しては、「安坐」や「胡坐」に崩す、という風に、その場の格式によって坐を使い分けていたようである。

正坐とキモノの身幅の関係

「端坐」の作法は、極めて格式の高い武家儀礼のなかで形式が定まった。ところが時代が下っていくにしたがって、この坐り方は主に女性たちの間で広まっていくことになる。実はこのことは、当時の服飾様式の変化と密接に結びついているようなのである。

江戸時代の寛永年間（一六二四〜一六四四）、幕府が反物の寸法を改定する禁令を出したことがもとで、キモノの身幅が急に狭くなっていく。

佐藤泰子氏の『日本服装史』によれば、室町時代の小袖は、丈が短く（a）、身幅が広く（b）、袖幅が狭い（c）という特徴があり（図10右、図11）、こうした小袖の様式は江戸初期まで継承されていた。女性でもゆったり胡坐をかけるほど広かった身幅が、絹や綿の反物の寸法があらためられ、それがもとで裁断の仕方も変化したため、寛永八年（一六三一）には、現代のキモノとほぼ同じ寸法に落ち着く（図10左、図12）。さらには、同時に起きた帯幅が太くなっていく傾向も女性の動作に大きな影響を与えるのだが、ここでは身幅の問題だけに絞ろう。

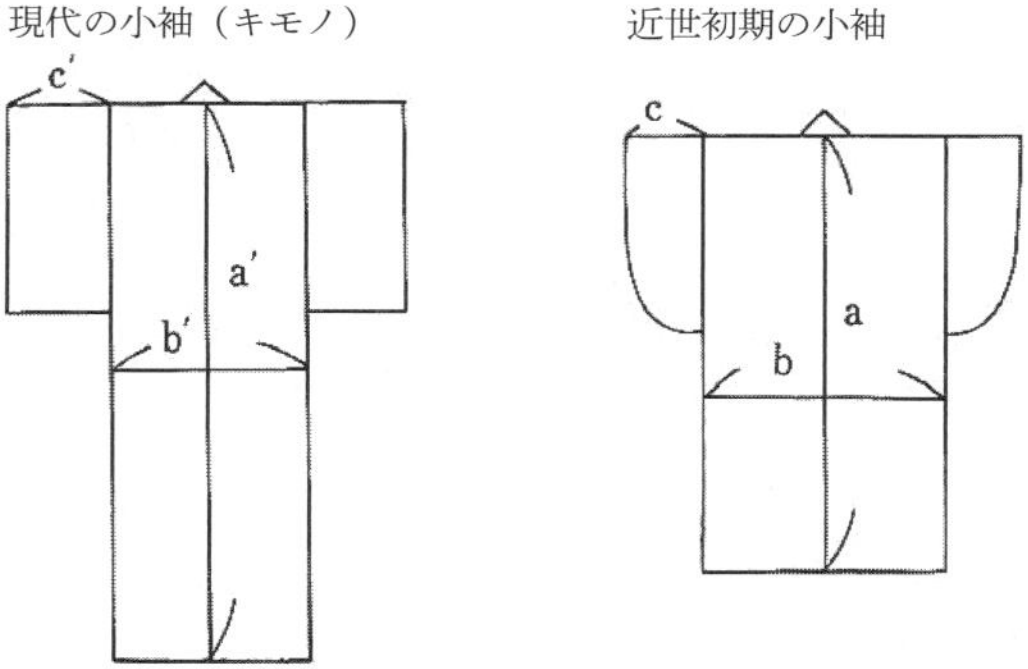

図 10

図12

図11

キモノの寸法の変化は、着こなしや立居振舞いの美意識が大きく変化したことを意味している。つまりキモノを着たときのシルエットを横に広げようとする室町風の美意識から、むしろ身幅を狭くして、縦方向の丈を長くとり、屋内では裾をひきずり、必要に応じて褄《つま》をとったりお端折《はしょ》りをしたりして裾を上げるスタイルを好しとする風潮へと、時代の要請が変化していったということである（図11、図12）。

キモノの身幅が狭まることによって、大股で歩いたり、足を横に広げたりすると、当然の結果として足が露出してしまうし、「胡坐」や「安坐」の姿勢をとろうものなら下半身の奥まで人目に晒《さら》すことにもなりかねない。室町時代には女性も普通に行っていた「胡坐」や「安坐」の坐り方が、江戸時代の女性にほとんど見られなくなるのは、おそらく幕府が改定した反物の寸法と密接な関係があるだろう。

姿勢や作法の嗜《たしな》みは日々の動作すべてに関係するから、御上から口うるさく言われても、ついつい楽な方へと崩れてしまいがちになるのは、いまも昔も変わらないわれわれ庶民の心情であるかも知れない。そうした庶民の心理を見越した徳川幕府は、反物の寸法に規制をかけることで、とくに女性が慎ましく膝を閉じて生活をするように仕向けたのではないだろうか。

女性が膝を開いて坐ることを「はしたない」と感じてしまう心理も、どうやらこうした幕府の禁令によって、政治的につくられたもののようである。

中世の小袖を体験する

二〇〇八年の秋から年末にかけて、「日本人の身体」と題する連載の企画を朝日新聞からいただき、「正坐は近世以降の新しい坐り方であること」を書いた。専門家の間ではわりとよく知られている事実ではあるのだけれども、そのときの反響は大きかった。

その記事を読んだある染織作家の方から展示会の案内をいただき、訪ねてみると、沖縄に古くから伝わる技法で染めた布やキモノが所狭しと並んでいた。出展している友禅作家の一人で高橋裕博《やすひろ》さんという方をご紹介いただいたところ、

「室町時代と同じ寸法の小袖をつくったのでぜひお試し下さい」

と勧められたので、洋服の上から早速羽織らせてもらった。

作家の指示にしたがって、小袖を着たまま床に坐り、胡坐に組んだり、立て膝にしたり、

図13

いろいろと坐り方を試してみたが、身幅がたっぷりしているので、小袖の裾から足が露出することなく、ずいぶん楽に足を寛げることができた。知識としてはわかっていても、実際に体験してみると、「小袖の身幅を少し広げるだけで、こんなにも足が自由になるものか」と、驚くほどの気軽さだった。

私の試した小袖は、室町時代に描かれた図13の「観《かん》楓《ぷう》図《ず》屛風」（狩野秀頼）のなかの人々のように、腰のところで細紐《ほそひも》を蝶結びにしたごくシンプルなもので、温泉旅館にある浴衣のように、誰にでも簡単に着られるものだった。細紐以外に身体の動きを拘束するものが何もないこの自由な感覚は、現代に流通しているキモノからは失われてしまったもののように思われた。

身幅が狭く、帯の幅が広い現代のキモノには、どうしても身体の動きにある程度の制約が伴う。現在定番となっているキモノのスタイルは、極めて完成度の高いものではあるが、そこからもう一歩歴史を掘り下げてみると、中世の頃には、女性でも胡坐をかけるような、ゆったりとしたキモノのスタイルがあったり、庶民の日常から生まれた「野良着」風のキモノがあったり、武士が武術の稽古をするときのように活動的なキモノがあったりもする。

現代の市場に流通するいわゆる「呉服」の背後には、伝統が生み出した衣服の歴史が広大に広がっていて、そこには坐を崩すことを柔軟に許容する身幅の広い小袖や袴、活動的な野袴など、動きやすいキモノがさまざまに存在していた。それこそ「野良着」や「作業着」のように、日常の暮らしを支えた活動的なキモノのアイテムが復活すると、われわれ現代人の生活にも溶け込んで、「日本の伝統服」の世界も少しは活気づいてくるのではないか、とも思うのだが。

第四章　正坐偶像論

明治の礼法教育

伝統文化を現代に継承する人々の間では、茶道、書道、生け花、香道《こうどう》など、どれを見ても「正坐」が「正しい作法」となっていて、「正坐を崩すことは不作法である」という考え方が、暗黙の内にも定着しているようなところがある。しかし、これまでみてきたように、少なくとも江戸時代までは、幕府の禁令などで多少の制約はあったものの、女性も立て膝に崩すなどして、坐り方の自由が残されていた。

昭和一一年（一九三六）に刊行された『現代図解礼儀作法全書』を見ると、「座せし時の姿勢」の節に「正坐」「安坐」「跪坐《きざ》」の三種の説明があり、さらに例外的なものとして「建膝《たてひざ》」「亀居《かめい》」という坐り方にも触れている。

建膝は足利時代、貴人に侍する時の坐り方で、左膝を立て坐るものである。又亀居は、古代朝廷に於て、叙位、除目等を行う場合に用いられたもので、足の爪先を、臀部の左右に開き、亀の足の如くして坐したものであるが、此の二法は、今は行われて居ない。

そうなのである。宮廷文化の爛熟《らんじゅく》した平安時代、さらには足利家が将軍の座にあった室町時代、日本にはさまざまな坐り方の作法があったことはすでに述べた通りだが、「今は行われて居ない」のである。

では、「正坐だけが作法である、というような常識は、いつ頃どのようにしてつくられたのだろうか？」と考えながら調べを進めてみると、どうやら明治時代から行われた礼法教育が深くかかわっていることがわかってきた。

日本の全国民が義務的に学ばなければならない教育の内容は、いまも昔も人々の考え方に対して大きな影響力をもっている。明治五年（一八七二）に学制が発布されてから、教育制度は幾度となく改正されてきたのだが、近代国家に相応しい教育を模索していくなかで、「礼法」の教科書が非常に多く出版されていたことに気づく。

明治一三年（一八八〇）には、当時の小笠原弓馬術礼法の当主である小笠原清務《せいむ》が礼法教育の必要性を東京府に申し立て、これが認められると、府内の小学校七三校で小笠原流の礼法教育が行われることになった。その教科書となる『小学諸礼式』が刊行されたのは明治一五年（一八八二）。巻末には、「室町足利氏ノ時ニ定メタル武家殿中ノ儀式」について記したさまざまな書物などより、子どもたちの立居振舞いの躾にも役立つと思われる項目を抜粋し、立礼の作法を書き添えて一冊にした、との解説がある。さらに同年に『新撰《しんせん》小学諸礼式』が追うように刊行され、第一次小学校令が制定される明治一九年（一八八六）までの間に、実に三二種余りの異なる礼法教科書が出版されて日本全国で用いられることになる。

小笠原流の坐法

子どもたちにとって、学校で教育を受ける機会が広がったことは、この時代の大きな変化である。しかし学校という場での集団生活をはじめて体験する当時の子どもたちは、じっと坐って授業を聞いていることがなかなかできなくて、「読み、書き、算術」を覚える前に、「坐り方」や「挨拶の仕方」、「お弁当の食べ方」といった日常生活の基本的な事柄から学ぶ必要があり、礼法の教科がそれを請け負うこととなった。

小笠原流の流れを汲む礼法教科書は、はじめに「礼」の精神についての説明があって、坐礼、立礼という「礼の作法」を教えている。それに伴い、立ち方、歩き方、坐り方の作法が必須となっている。

先ほど触れた『小学諸礼式』に「室町足利氏ノ時ニ定メタル武家殿中ノ儀式」とあったが、江戸徳川幕府の武家儀礼も、その多くは足利時代の礼法を踏襲していた。要するに明治時代に小笠原家が普及させた礼法とは、室町時代の昔から代々伝わってきた武家儀礼を、抜粋して公教育に移植したものであることがわかる。

まずはその坐り方の解説を『新撰小学諸礼式』にみてみよう。

座りようの事
両足を揃えて立ち、止まり、左の足より、一足ずつ後の方へ引き、爪先を立てながら、両膝をつき、両足の拇指を、重ねて坐すべし、坐せる時、直に其手を膝上に置き、腋《わき》のあたりに、鶏卵一個ずつを挟みて、落さぬようなる心得に、腕を据えるべし立ち姿勢から正坐に至るまでの小笠原流の坐法であるが、この作法は現代でも変わらないとても強い形式である。しかし言葉だけを辿って実践してみようと思うと、大人でも結構難しい。これが「歩行」や「膝行《しっこう》」などの作法になると、さらに複雑さを増してくる。大学のゼミで学生たちに読ませると、現代語訳をつけても「何が書いてあんのかサッパリわかんな〜いッ」という反応が返ってきたりもする。

身体の運動を言葉で写し取ることの難しさは、筆者自身も骨身に沁《し》みているが、この礼法教科書をきちんと機能させるためには、先生が自ら手本となって、手取り足取り、子どもたちを指導する配慮がなければならなかったことだろう。

さらに小笠原家は弓馬術の旧家だけあって、その礼法教科書には華族や皇族といった貴人に接するときの作法が多く書かれている。それは高貴な人々に接する機会のある人々にとっては重宝したかも知れないが、そういう機会がほとんどない一般庶民の日常にとっては、縁遠い内容の方が多かったかも知れない。実際に、小笠原流礼法は時代の主流を占めた一方で、地方に独自の礼法を保ってきた人々からは少なからず反発の声もあったのである。

小笠原流礼法への反発

小笠原流とは別の流れの礼法教科書にも、とりわけ優れたものがあるのでみてみたい。次に挙げるのは、明治一五年（一八八二）に大阪で出版された『実地脩身小学礼法詳説』の序文である。

修身ノ道、内ハ心ヲ正シ、外ハ容貌ヲ飾リ、居止ヲ謹シムニ在リ、而シテ其拠リ所トスル者ハ、礼ナリ、教育家此ニ見ルアリ、一二礼書ヲ著ワスト雖モ、概ネ小笠原流ノ余唾ニシテ、甚今世ニ適セズ、且其論ズル所、皆大人ノ高貴ニ謁スル礼ニシテ、平民学校ノ児童ニハ、殊ニ便ナラズ

「余唾」というのは「かす」というような意味だから、当時全国に流布していた小笠原流礼法が、小学校教育の現場ではあまりに難しく、使えないものだったことへの嫌悪感が露になっている。要点を訳せば次のようになろう。

「近年の礼法書は小笠原流の影響下にあるものばかりで、今の時代に合わないばかりか、その内容はどれも大人が高貴な人に謁見するときの礼法であって、一般庶民の学校児童にはまったく使えない」

著者の田中小三郎は、この他にも『小学女子容儀詳説』を書いているが、厳しい批判の精神から生まれた本だけあって、確かに内容はわかりやすい。とくに『小学礼法詳説』の方には、細やかなイラストが多く挿入されていて、子どもが朝起きてから就寝するまでの日常生活の仕方にはじまって、学校での過ごし方が項目別に具体的に描かれている（図1〜図3）。

その他にも、外に出たときの社交の作法や家に人を招いてもてなすときの心得などが、床の間や座敷のしつらえ、椅子、テーブルの運び方に至るまで、実に丁寧にわかりやすく説明されている。

明治の礼法教育には、古来の武家儀礼を移植してきたものが大半を占めていた一方で、田中の『小学礼法詳説』のように教育現場から生まれた独自の礼法書もあり、後者は子どもたちの目線に立って、わかりやすく説明する配慮が細やかである。とくに冒頭の「告

図1　整服

図2　傘履

図3　喫飯

文」に書かれた児童へのメッセージは、社会規範を啓蒙《けいもう》する教条的な色彩よりも、子どもたち自身の幸福な成長を願う意図の方が強く出ていて好ましい。

子弟よ、汝等よく我が述ぶる所の左の礼法を、勉め行う者ならば、世に賢しこき児と褒られ、人に愛せらるゝのみならず、自ら立身出世の基となりて、後にハ必ず善き結果を得べし、勤て怠たる事なかれ

上下二冊にわたる『小学礼法詳説』には、このように当時の日常生活と社会生活に必要と思われる基本的な事柄がわかりやすく解説されていて、冒頭の告文が上滑りなものでないことは、内容が証明しているように思う。刊行された明治一五年（一八八二）、著者の田中小三郎は故人となっていたが、寺子屋教育や芸道教育によって得られた現場の熟成が形になった、非常に優れたテクストと言える。

将軍や天皇といった貴人に代々仕えてきた小笠原家の格式ある流儀と、平民学校に通う児童生徒の生活感覚との間には、少なからずズレがあったようだが、集団生活を余儀なく

される義務教育は、後にその大半が全体主義的な方向へ流れる形で一挙一動を統率され、軍国主義を背景とするファシズムへと搦《から》め捕られていく。

正坐しか教えない礼法教育

当時の礼法教育の内容を詳しく知るために、ゼミ生たちの助けを借りながら、礼法関係の教科書をできる限りたくさん集めてみると、この時期に日本人の坐り方がただひとつの作法へと硬直していく様子がわかってきた。収集した史料は明治期のもので八七冊、大正期二〇冊、昭和初期になるとぐんと少なくなって七冊のみを収集できた。

全体を見渡すと、いろいろなことが浮かび上がってくるのだが、まず二つの事柄に絞って話をしよう。ひとつは、「明治期の礼法教科書は正坐以外の坐り方を教えていない」ということ。これは過去の歴史を振り返ると、極めて重大な変化であった。二つ目は、「明治期の礼法教科書には『正坐』という言葉の使用が極めて少ない」こと。具体的な数字を言うと、八七冊中たったの三冊にしか見られない。しかもその使用頻度は一冊中一回程度という少なさである。これらの二つの事実から「正坐」という言葉がどのようにして日本全国に普及していったのか、そのあらましがみえてくるように思う。

さて礼法の教科書には、子どもが授業を受けるときの「坐り方」、人の話を聞くときの「坐り方」について、手足の配置や動かし方まで、事細かい説明がある。なかには丁寧にイラストの入った教科書もあるが、それらはすべて「正坐」の形を教えていて、ひとつの例外も見られない。ところが、先に述べたように、坐り方の解説部分に「正坐」という言葉が出てくることは極めて少なくて、大半の教科書は「坐し様」「座り様」「着座する様」などと書いてあって、統一された呼び名が与えられていない。

人間の動作には無数の形があるけれども、誰もが行う共通の「型」が確立すると、そこには必ず相応しい名称が与えられるはずである。つまり膝を畳んで踵の上に尻をのせることの坐り方に、統一された呼び名がないということは、この頃は、まだ「正坐」は老若男女のすべてに共通した「正しい作法」になるほどまでは普及してはいなかったのではないか、ということが考えられるのである。

ただし例外的なものとして、「正坐」という言葉をいち早く使用した教科書が明治一五年（一八八二）に二冊ほど刊行されている。ひとつは『男女普通小学諸礼法』。この本では

「居立《いたち》の仕様《しよう》の事」という節に、「女子の正坐したる時は、其身の左脇の真中程へ、左手の指先を後にしてつき……」という風に、いきなり「正坐」の文字が出てくる。この部分だけを見ていると、「すでにこの時代は正坐だったのか」と思ってしまいそうだが、他の八四冊には「正坐」という言葉は出てこないことの方に留意しておかなければならない。

もうひとつ例外を挙げると、これも明治一五年に大阪で出版された『小学女子容儀詳説　上編』である。ここでは「坐して居る時の法幷《ならび》に心得」という節に「凡そ女子の居ずまいハ……」とはじまって、坐り方の作法について一頁ほどの解説がある。そして坐り方について詳しく説明をした後に「凡そ正坐ハ、家居の時より習い置くべし」と結ばれている。

このような文脈から察するに、いきなり「正坐」という言葉が出てきても、当時の大半の人々は、どういう坐り方を意味するのかわからなかった様子がみえてくる。つまり、「正坐」という言葉は存在していても、普通一般に「正坐」と言われてすぐにイメージできるほど、この言葉は普及していなかったのではないか、ということが考えられるのである。

もっともこの時期は、欧米文化の流入によって新しい教養、新しい言葉、新しい生活を模索していた段階でもあり、学校や家庭での「坐り方」についても、共通の言葉を模索していた時期であっただろう。つまり明治期に行われた礼法教育は、正しい「坐り方」をひとつに定め、「正坐」を日本全国に共通の言語として普及させる役割を果たしたと考えられる。

大正期の礼法教科書

調査した礼法教科書で「正坐」を示すのに用いられた言葉を一覧表にしてみると、用語が混沌《こんとん》とした時代を経て、「正坐」という言葉がその作法とともに定着していく様子がみえてくるようだ。

一〇八頁の表1は、現代で言う「正坐」の坐り方を教えるときに用いられた「呼称」を年代順にまとめたものである。まず「正坐」という坐り方を示すためにこれだけ多様な呼び名があったことに驚く。この事実から、学制が発布された明治五年（一八七二）から明治時代末期までの間、「正坐」をどのような名称で呼ぶべきなのか、共通のコンセンサスがなかったのではないか、ということが推察される。

それが明治の末から大正期に入ると、礼法教科書の内容に大きな変化があらわれる。それは「安坐」や「跪坐」といった、「正坐」以外の坐り方を書いた教科書が出版されるようになったことがひとつ。さらに「正坐」の文字が目次の段階で使われるようになり、本文中にも頻出するようになる。このことは「正坐」が言葉としても世間一般に定着した徴《しるし》と考えていいだろう。

たとえば大正三年（一九一四）に刊行された『礼儀作法精義』では、「正坐」という言葉が一一回使用されている。明治期の礼法書に比べると飛躍的に増えている。さらに坐り方の指導では、「正坐」「跪坐《きざ》」「安坐」など数種の坐り方があることを示した上で、「而して正坐は云うまでもなく、普通一般に用いられ、跪坐は多く授受進撤の際に用いられ、安坐は閑居乱酒等の場合に多く用いられている」と説明している。

そもそもこの教科書は、家庭での教育の他、小学校、師範学校、高等女学校、中学校などの児童生徒を対象に書かれている。そのような本に「正坐は云うまでもなく、普通一般に用いられ」と書かれるほどに、この頃すでに「正坐」は普及していたことがわかる。

タイトル	著者・編者	出版社	出版年	坐法の呼称
『新撰小学諸礼式』	在田嘉九郎	三省舎	明治十五年	座りようの事
『実地脩身小学礼法詳説』(全二冊)	田中小三郎	白砂翠竹村舘	明治十五年	坐するにハ
『初等小学礼儀作法』	林吉士十郎・藤邨正平	文宝堂	明治十七年	着座
『小学礼儀』	広島師範学校	松村善助	明治十七年	着座する様
『正式図解男女諸礼法』	松永清太郎	三光館	明治二六年	坐る様
『尋常小学礼法書』	鳥取県私立教育会	清音堂	明治二七年	座リ様ノコト
『新撰小学女礼式』	中島義弌	博文館	明治三一年	座様
『日本諸礼式』	小松信香	吉岡書店	明治三三年	坐し様
『女子容儀作法』	女学誘掖会	交盛社	明治三五年	坐するときは
『普通教育日本礼儀作法』	柴垣馥	柏原圭文堂	明治三五年	座る時には
『普通教育女子の礼式』	香蘭女史	此村欽英堂	明治三六年	座する時の心得
『新撰日用女礼式』	中島義弌	博文館	明治三九年	座様は
『女子礼法教科書』	中島義弌	博文館	明治四一年	座り様
『新撰日本諸礼式大全』	日本礼節会	名倉昭文館	明治四三年	座りたる形

『日本の礼法』	弘報館編集部	弘報館	明治四四年	坐る時には
『新編礼式作法図解』	示範会	万書堂	明治四五年	座するには
『普通礼法』	丸山道太郎	丸山道太郎	大正二年	着座
『小学校作法教授要項』	文部省	文部省	大正二年	坐スルニハ
『作法新教授書』	相島亀三郎	東京宝文館	大正二年	坐し方
『礼儀と作法』	富佐美花渓	岡田文祥堂	大正二年	坐り方の作法
『家族礼法と手芸』	家庭興風会	家庭興風会	大正五年	座り方
『婦人礼法の心得』	山崎博	科学書院	昭和十六年	坐るには

表1

　このような流れをみてくると、礼法教育が行われた当初、「坐し様」「座りようの事」などと表現しながら、「坐り方」の指導がはじまり、東京府を中心にして小笠原流の坐法が全国へと徐々に広まっていったことがわかる。明治一九年（一八八六）に制定された小学校令は、明治二三年（一八九〇）の改定を経て、明治三三年（一九〇〇）の第三次小学校令のときに、義務教育の無償化が定められた。すると、その二年後には就学率が九〇%を超え、日本全国の子どもたちに学校教育を受ける機会が保障されるようになる。

こうして、小学校で礼法を学んだ子どもたちが「坐し様」などと聞けば、「ああ、あの坐り方だな！」とすぐに「正坐」のイメージに結びつけられるような環境が、おそらく明治の終わり頃には整備されていただろう。そしてこのような国を挙げての教育の推進運動が功を奏し、「正坐」は、「学校で習った正しい姿勢」を示す言葉として、日本国民全体の共通言語となっていったのであろう。

正坐と言わない夏目漱石

「正坐」という言葉は、明治期の礼法教育が日本全国に普及させたひとつの坐り方を、唯一の正しい基準として結び固める役割を果たした。まさにそれは学校教育が新たに制定した近代日本の文化基盤のひとつとして、いまなお私たち日本人の意識を支配している。私たちが伝統文化であると思っていた「正坐」とは、まぎれもなく近代日本の教育推進策の産物だったのである。

坐り方にかんする言葉については、文学の世界に目を転じてみても、作家の世代によって明確な差があらわれているようにみえる。たとえば夏目漱石の小説には「正坐」という言葉が出てこない（武蔵大学で言語学を教えておられる小川栄一教授からご指摘をいただいて、全集を調べ直してみると確かにその通りであった）。登場人物の坐り方をあらわす表現に、漱石は「端坐」「かしこまる」、それから「跪坐」と書いて「かしこまる」と読ませていたりする。

たとえば明治三八年（一九〇五）から翌年にかけて書かれた『吾輩は猫である』を見ると、

此座布団の上に後ろ向きにかしこまって居るのが主人である。

六尺の床を正面に一個の老人が粛然と端坐して控えて居る。

（傍点筆者）

などと出てくるが、傍点で示した「かしこまる」「端坐」とは、いまでいう「正坐」の坐り方にちがいない。

登場人物はどちらもキモノを着ていたことが文脈から想像されるけれども、漱石が小説を発表しはじめる明治の終わり頃には、西洋化の国策が徐々に社会に浸透しはじめ、学校の教員も日常的にスーツやスラックスを着用して教壇に立つようになってきていた。

小説のなかでは洋服で「正坐」をすることの不具合も描かれていて、たとえば『坊っちゃん』に出てくる酒宴の場面では、

> おれは洋服だから、かしこまるのが窮屈だったから、すぐ胡坐をかいた。
> うらなり君がおれの前へ来て、一つ頂戴致しましょうと袴のひだを正して申し込まれたから、おれも窮屈にズボンの儘かしこまって、一盃差し上げた。
> （傍点筆者）

とある。舞台となる四国の中学校教員の姿は、袴とズボンとそれぞれの出で立ちが描か

れているけれども、やはり畳に床坐の場面では、洋服という服装は何かと「窮屈」を強いるものであったことが読み取れる。

坊ちゃんの穿いていた、当時のスラックスがどのような形のものであったのか、想像の域を出ないけれども、腿や腰の身幅がピッタリしたノータックのストレートスラックスだったかも知れない。とくにテーラー仕立てのスラックスの類《たぐい》は、前後に足をまっすぐ見せるための折りたたみ線が入っているから、床に坐ると皺《しわ》が定着して型崩れを起こしてしまう。

いずれにせよ洋服は、床に坐ることを想定してつくられていないから、日本の伝統的な生活スタイルとは容易には折り合いがつかず、その微妙な感覚のズレを、どうも寛げない、落ち着けない、窮屈だとして、何となくからだが感じ取っていた時代の様子を、こうした小説の件《くだり》からも垣間見ることができる。

「かしこまる」という言葉が内包する抑制感を、「正坐」と切り離せないものとして、漱石は捉えている。そして、慶応三年（一八六七）、つまり江戸時代の最後の年に生まれた夏目漱石の言語感覚には、「端坐」「かしこまる」といった古来の呼び名が定着していて、

「正坐」という近代の言葉は、馴染まなかったか、もしくは存在しなかったようである。

正坐は近代文化

ところがその弟子である寺田寅彦は、昭和七年（一九三二）に書いた「夏目漱石先生の追憶」という随筆のなかで、自宅における漱石の居ずまいを次のようにあらわしている。

　先生はいつも黒い羽織を着て端然として正座していたように思う。結婚してまもなかった若い奥さんは黒ちりめんの紋付きを着て玄関に出て来られたこともあった。田舎者の自分の目には先生の家庭がずいぶん端正で典雅なもののように思われた。

しかし自宅にいて黒い羽織を着て寒そうに正座している先生はなんとなく水戸浪士とでもいったようなクラシカルな感じのするところもあった。

（傍点筆者）

寅彦の描く「端然として正座」する漱石の坐り方は、かつて「端坐」と言われていたものだろう。「端正」「端然」といった形容のなかにも、無駄のない、洗練された、古来の力強い形式が、生活空間のなかで静かに息づいている様子がみえるようだけれども、漱石の作品を読んだ後に、「正座」という言葉を普通に使っている寅彦の随筆を読むと、文体そのものにも近代的な明るさが感じられないだろうか。

それに比べると、漱石の初期の小説は、『吾輩は猫である』や『坊っちゃん』などにしても、内容はいたってユーモラスだけれども、「端坐」「かしこまる」といった人物を描くときの言葉遣いからして、だいぶ寅彦より古風な印象を受ける。

もっとも夏目漱石は、英文学者から小説家へと転向し、漢文や俳句の素養も備わった文化人である。一方、寺田寅彦は物理学者としての業績を残す傍らで、随筆などに優れた才を発揮した人物であった。もとの頭脳が科学者である寅彦の明晰《めいせき》さは、その文体からも推し量れないではないが、二人の文豪の間にそうした素養のちがいはあったにせよ、「正坐」という言葉をめぐる両者の言語感覚の相違は、当時の日本に存在した全体的な言葉の潮流のあらわれと言える面もあるように思う。

漱石が初の長編小説である『吾輩は猫である』を書きはじめた明治三八年（一九〇五）と、寅彦の「夏目漱石先生の追憶」が書かれた昭和七年（一九三二）とでは、およそ三〇年の開きがある。大正から昭和の初期という時代は、西洋化政策を推し進めた明治時代の積み上げが、社会の至るところで形になってあらわれはじめていた時期である。時を同じくして、学校教育が日本全土に普及し、坐り方、歩き方、服装や立居振舞いにも新しい時代の基準が根づき、「正坐」という言葉も日本社会の全体に浸透していった。

それに伴い、日常生活の作法においては、「端然」とした坐の佇まいや、あえて「かしこまる」政治的な坐の意味合いなどが言葉の消失とともに忘れ去られて、ひたすら「正坐」というひとつの「正しい」基準を守ることへと、日本人の思考が硬直化していった。つまり「伝統文化=正坐」という現代の常識は、どうやらこの時期に形成されていった近代の考え方である、ということがこうした史料からは推察される。

偶像化した正坐

ひとつのわかりやすい基準が絶対的な価値として祀り上げられ、人々の思考を停止させてしまう。その硬直した精神構造は「偶像崇拝」と同じものである。あらためて思い返すと、「正坐」という言葉は、近代以降、日本人の坐の概念を支配し続けてきた偶像だったのではないか、そう思われてならない。

筆者は「正坐」を否定するつもりはない。「正坐」は良い坐り方である。男女ともに誰にでもでき、肚《はら》や腰への負担が少なく、立ち坐りがスムースで、見た目にも端正である。万人が学ぶ公教育の場で、「正坐」が一般的な基準になったのは、それなりに理由のあることだ。

しかしながら、くり返し言うが、「正しい基準」というのは、それが定まると同時に基準と対立する「正しくないもの」を排除してしまう。近代以前は、「胡坐」も「安坐」も「立て膝」も有用な坐り方として生活のなかに位置づけられていたのだが、「正坐」が正しい基準になってからというもの、いつのまにか基準から外れた「崩れた作法」とのレッテルを貼《は》られてしまった感がある。しかしそれは永い永い日本の伝統から考えれば、ごく最近につくられた近代文化のなかの基準のひとつにすぎない、というのが本当のところではないだろうか。

この思考停止状態については、最近経験した出来事があるので、お話ししておきたい。それは筆者の自宅近所の市民プールでの出来事だった。

極度の近眼である筆者は、眼鏡をかけないとものをはっきり見ることができない。そして市民プールは眼鏡をかけたまま入ってはいけないことになっている。理由は簡単で、プールのなかに眼鏡を落としたら探すのがたいへんだからだ。

その日は子ども連れだったので、深さ三〇センチほどの子ども用プールに膝下だけ浸かり、プールサイドに腰掛けて子どもたちを見ていた。すると監視員が傍らに歩み寄ってきて、「眼鏡をかけたままプールに浸からないで下さい」と申し訳なさそうに私を注意する。じゃあこれならいいですか、と足先を水から出して胡坐に組み直すと「それならいいです」と言って立ち去っていった。

プールサイドで膝下を浸して坐っていても、胡坐を組んで坐っていても、眼鏡を落とす可能性は似たり寄ったりではないか？　と私は釈然としない気持ちを飲み込んで、しぶしぶルールに従ったのだが、いかにも真面目《まじめ》そうな監視員の青年はおそらく、「眼鏡をしたまま、プールに入ってはいけない」というマニュアルの条項に忠実であろうとした結果、

「私が現在、プールのなかに眼鏡を落とすような状況にあるかどうか」という事の本質よりも、「眼鏡をしたまま、体が水に接しているから、この人はルール違反をしている！」という風に考えたのだろう。

規則に従順で善良なその若い監視員も、思考停止の病に冒されているのを見る思いがそのときはしたのだが、そもそも「何のためにルールがつくられているのか」という事の本質を問う姿勢が失われると、マニュアルにある条項だけが絶対的な基準になってしまう。そうすると、本来市民の自由と安全を守るための「ルール」もたちまちの内に「偶像」と化し、その枠組みのなかで人々の思考と行動を硬直させていく。

これと同様、「正坐」という坐り方についての常識も、私たち日本人の頭のなかに刷り込まれた「近代の偶像」なのではないだろうか。「これこそが正しい坐です」という基準が定まってしまうと、それ以外の坐り方は「正しくない」「不作法である」という風にイメージは連鎖して、「崩し」や「寛ぎ」の自由が奪われていく。

「立て膝」が正式な作法であった江戸初期の茶道では、形にとらわれて窮屈な姿勢で点前をするよりも、本人にとって自然であることの方をより大事にする思想を、千道安や片桐石州らがもっていたとされる。歴史に学んでいたならば、日本人にとっての美の基準は「自然であること」を指針としてきたはずで、それは茶人が追究した「崩しの美学」における人為性の排除にもあらわれているはずなのである。

江戸時代の殿中にあっても「無礼講」という仕来りが年に何度かは許されていたように、伝統文化も「正坐」に「かしこまる」ことばかりがすべてではなくて、まず「どのような坐り方をするのがその場に相応しいのか？」と問うことが大事なのである。それができれば、その空間に適した「座」がつくられ、礼儀にかなった交わりも和やかな寛ぎも可能になる。

酒宴の砕けた席で、みんなと一緒に寛ぐことのできない野暮ったさを、漱石は、

いいどてらを着て跪坐《かしこま》てるのは、酔っ払っていながら、異状がないと得意になる様なものだ。

（『虞美人草』）

と書き、樋口一葉《ひぐちいちよう》も、世間を斜《はす》に眺める遊女屋の女の「崩し坐」を、温かな視線で描いている。

頸《えり》もと計《ばかり》の白粉《おしろい》も栄えなく見ゆる天然の色白をこれみよがしに乳《ち》のあたりまで胸くつろげて、烟草《たばこ》すぱ〳〵長烟管《ながぎせる》に立て膝の無作法さも咎《とが》める人のなきこそよけれ

(『にごりえ』)

「作法」や「型」は大事な無形文化にちがいないが、格式の高い「型」を遵守《じゅんしゅ》することと、しなやかにそれを崩していくこと、そして双方の振れ幅を許容する懐の深さが社会常識にも加わるときに、文化はより豊かな彩りを増していくのではないだろうか。

第五章　坐るための知恵

マルセル・モースの床坐論——しゃがめないフランス人

ただ「坐る」という習慣的な動作のなかにも、さまざまな技術や作法があることをみてきた。立ち方、坐り方、歩き方、食事の仕方、といった日常的な動作は、くり返される日々のなかで無意識の内に身についてしまっている。そのため、自分の「しぐさ」に一定のスタイルが形成されていることを、本人が気づくことは極めて稀《まれ》である。しかしよくよく観察してみると、日常的な立居振舞いの特徴には、個人的な性癖によるものだけでなく、社会全体に一般化されるような、固有の文化的スタイルがはっきりと認められる。

フランスの民族学者であるマルセル・モースは、ある文化や習慣によって培《つちか》われた立居振舞いには固有の法則性があることを発見し、これを「身体技法 (techniques du corps)」と名づけた。そして姿勢や歩行、食事や労働、休息時などにみられる個々の身体技法は、生活全体のなかで有機的な関連性をもっていて、それらが社会秩序を形成していく上でもっとも本質的な役割を果たしていると考えた。

モースが身体技法論の着想を得たきっかけのひとつには、彼が兵士として戦地に赴いたときの苦い体験がある。それは兵士たちが休息をとるときの出来事で、土壌がぬかるんでいたり、水たまりがあったりすると、フランス兵は休むために足を濡らしてしまったり、長靴を履いたまま立ち続けたりしなければならなかった。ところが一緒にいたオーストラリア出身の白人兵は、踵の上にしゃがみ込んで身体を休めることができたのである。この点にかんしては、オーストラリア人兵士に劣っていることを彼は認めざるを得なかった。「《水》(flotte)は彼らの踵の下にあることになった」とモースの言ったこの坐り方は、第二章で触れた「蹲踞」や「踵坐」ではなく、単純に「しゃがみ込む姿勢」のことだった。そしてフランス人でも子どもたちは、あたりまえのようにしゃがみ込むことができるのに、大人になるとこの姿勢ができなくなるのは、社会習慣による身体機能の退化であるとモースは考えた。そしてしゃがむ行為を「子どもから取り上げてしまうのは最大の謬《あやま》り」であると強い調子で主張する。

もっとも欧米社会は日本とちがい、学校でも、家のなかでも靴を脱がない。したがって床に坐ったり、しゃがみ込んだりする姿勢については、衛生面からもタブー視される雰囲気が社会全体に漂っているようなところがある。したがって床に坐る習慣をもたない欧米人の成人の足首は、当然の結果として極端に可動域が狭いことになる。それは程度の差こそあれ、和式のトイレに坐ることができなくなりつつある現代日本人にも、同様の身体の退化現象が起きていると言える。

座具としてのゲタ

マルセル・モースの「身体技法論」は、物質文化（技術文化）との密接な関連のなかで発展してきた。「身体の動き」というのは、文字に書き留めて後世に残すことが困難であるけれども、用いられている道具のデザインから、その使用法にかかわる身体の動きを読み解いていくと、それを使っていた人々の暮らしぶりが手にとるように浮かび上がってくる。

たとえば同じ履物でも、クツとゲタとでは、素材もデザインもまったく異なる。それぞれの履物のデザインには、西洋人と日本人の歩き方のスタイルが描かれていて、個々の作品を丁寧に見ていくと、つくり手が「どのような歩き方を想定してつくったのか」という、「手と精神のはたらき」を読み解くことができる。それと同様、床に坐る場合と、椅子に坐る場合とでは、食事や社交、寛ぎ方に至るまでが、まったく異なる身体の処し方によって展開されることになる。

このように「物の形」は「身体の動き」と切っても切れない関係にあり、人間の営みを根底のところで支えている。それらを社会の全体に広げてみても、たとえば生活スタイルの一連の流れのなかに、「何となく日本的」と身体で感じられるような統一感が、何らかの形で保たれていて、その独特の空気に触れるときに、私たちは自分の存在の根底に潜んでいる、ある種の「懐かしい感情」を覚えたり、またそれとは真逆の刺激を受けたりもするのである。

かつての日本では、食事の支度や水場での洗濯など、生活上必要な作業の多くが床坐で行われていた。とくに井戸端での仕事の多くは、踵に坐る「踵坐」で行われていて、そのときに足へかかるストレスを軽減させる優れた道具の存在があった。

図1の写真は井戸端で米を磨《と》いでいる女性の姿である。両方の踵に坐り、しゃがんで米を磨いでいるわけだが、足元に注目すると、このとき、ゲタが前のめりになって固定されていることがわかる。このようにゲタを前のめりにして踵に坐ると、坐の安定が良い上に、

図1

図1拡大図

足首や爪先にかかる負担が大幅に軽減される。これは現代ではほとんど見られなくなった風景である。

しかし、地面や床にしゃがんでの作業が多かった時代、人々は踵に坐ることを日常的に行っていて、その姿勢を支え安定させていたゲタは、履物としてばかりでなく、座具としての機能まで担っていたことが指摘できる。かつてゲタが日本人の「普段履き」としてもっとも普及していた理由のひとつには、単なる手軽さ、歩きやすさのみならず、屋外での坐を支える「座具」としての役割の大きさがあったものと思われる。

昔の人の足首

現代で「踵坐」というと、相撲取りの「蹲踞」の他に、正坐から立ち上がるときの途中の動作として一時的に見られるくらいで、昔の人のように踵の上に坐って作業をしたり、歓談をしたり、といったことはほとんど見られなくなった。床坐から椅子坐へと生活様式が変化していくなかで、地面にしゃがむことをしなくなり、マルセル・モースの賢察通り、日本人の足首や股関節の柔軟性も大きく退化してきているだろう。

足首や股関節、あるいは骨盤まわりに相当な柔軟性をもっていなければできない、古来の坐り方を史料のなかに見つけるとき、「ところで昔の日本人は、実際にどのくらい柔軟な関節をもっていたのだろうか？」と興味を覚えずにはいられない。

図2は、繭玉《まゆだま》からとった糸に撚《よ》りをかけて糸枠に巻く「糸綛《いとかせ》づくり」をしている男性の写真である。アメリカ人で、東京帝国大学教授として動物生理学を教えていたエドワード・モースが、明治一三年（一八八〇）頃に撮影したもの。この青年は、自分の踵の上に腰を下ろして作業を行っている。彼の足元に目を近づけてみると、尻の下に敷かれた足首の角度は驚くほど鋭角的に曲がっている。現代人のわれわれの感覚からすると、目を疑うほどの足首の柔らかさだが、これも幼い頃からほとんど床坐の生活しかしてこなかった人々の身体的特徴を雄弁に物語る史料のひとつである。

図 2

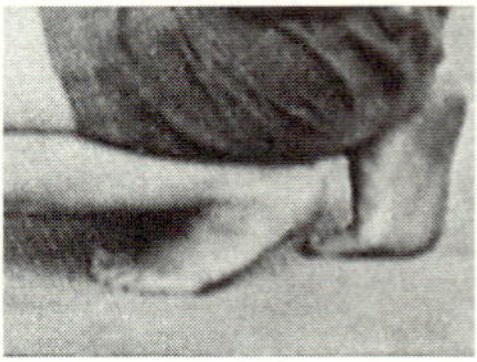

図 2 拡大図

図 3

このことをふまえてもう一度中世の史料を振り返ると、少し見え方がちがってくる。図3は一四世紀の『慕帰絵詞』の一場面である。坐っている人たちは、玉津嶋明神《たまつしま》を祀る老松の前で一心に祈っている宗昭（覚如）に従ってきた者六人と白い衣の神人《じんにん》が一人。その坐り方は、「蹲踞」三人、「両踵坐」三人、「片立て膝」一人、という内訳である。「立て膝」はまだしも、「踵坐」や「蹲踞」は現代のわれわれの感覚からすると、決して楽な姿勢ではない。しかし画面のなかで、「蹲踞」や「踵坐」をしている人たちのなかには、いかにも楽しげに笑っている者もいる。

このような絵巻の風景は、単なる絵空事ではなくて、その昔、日本人の多くは、実際この絵に描かれた人々のように、自分の踵の上に坐って一定時間、楽しく寛ぐことができたであろうことを伝えている。

マルセル・モースを感心させたオーストラリア兵のエピソードをいま一度顧《かえり》みて思うのは、日本人が古来伝承してきたこうした坐法の数々は、屋外と屋内の別を問わず、自分の居場所としての「座」を定め、からだと心を落ち着かせることを可能にする高度に洗練された無形の文化遺産であったことである。

膝は肘掛け

立て膝の便利な特徴のひとつに、膝を肘掛けとして使えるということがある。

泉殿の柱にもたれている公家の若君は気軽な出で立ちで、「立て膝」にした左足の上に肘を掛けている（図4）。公家の生活を再現した昭和一一年（一九三六）の写真である。この坐り方が別名「歌膝」とも言われたように、立てた膝はその上で文をしたためる「文台」などとしての役割をも果たした。「台」としての「立て膝」の機能は多様で、ときには膝を枕にしてうたた寝する武士の姿も見られる（図5）。

反対側の足は、立てた足の踵の後ろに畳んでしまうと納まりがよく、これはひとつの作法として定着していたと思われるほど、多くの事例が認められる（図4〜図7）。さらに立てた膝を脇に抱え込むようにすると腰も上体も立てやすく（図6、図7）、しっかりとした安定性を得られる。

図7は『慕帰絵詞』の一場面だが、やはり立てた膝を肘掛け代わりにして、扇子で顔を扇《あお》いでいる。リラックスした様子だが、背筋はよく伸びていて、やはり膝は腕でしっか

図4

図5

図6

図7

り抱え込まれている。

この「立て膝」は床坐で寛ぐような場面でとくに多く見受けられ、実際にやってみると、長時間坐っていても足腰へのストレスが少ない。しかも場合によっては自分の膝や脇息、柱などにもたれてリラックスできる。

「立て膝」にもさまざまな種類があるけれども、立てた足の踵の後ろに反対側の足を畳んで坐るこの形については、とくに「楽立て膝」と呼びたい。

脇息はなぜ廃《すた》れたのか

坐ってもたれるものと言えば現代では、「背もたれ」が一般的だが、昔の日本では横にもたれる「脇息」が主流であった。座敷で「背もたれ」のある座椅子を用いることはあっても、「脇息」を用いることは現代では稀になった。逆に昔の人は「背もたれ」というものをほとんど使わなかった。その理由は、おそらく帯の結び目が多くの場合に腰の後ろ側にあったことと深く関係していると思われる。キモノの「帯」と椅子の「背もたれ」とはどうにも相性が悪く、背をゆったり後ろにあずけてしまうと、結んだ帯の形が崩れてしまう。

洋装の普及とともに、椅子や座椅子の「背もたれ」にもたれることに抵抗がなくなったことはいいとしても、日本人の床坐文化から「脇息」が廃れていったのはなぜだろうか。実はこれにも正坐の普及が一枚噛《か》んでいるのではないかと筆者は考えている。

正坐が「正しい坐」として認識されるようになってから、とかく「立て膝」は不作法と考えられがちになった。中世の歌会や茶会では、「立て膝」が正式な坐り方であったことをすでに説明したけれども、書物でそのことをはじめて知ったときには「立て膝が正式……？」と、筆者もちょっと驚きを覚えたくらいである。胡坐に崩すのはまだいいとしても、膝を立てるのは行儀が悪いという感覚が、現代の日本では暗黙の内に了解されているわけだが、「脇息」にもたれるときには、「立て膝」のひとつ「もたれ立て膝」がいちばんバランスのとれる坐り方なのである。

次に絵巻から脇息の使用法を簡単に確認しておこう。図8は『春日権現験記絵』に出てくる藤原忠実。立烏帽子を被った直衣《のうし》姿で脇息にもたれ、ゆったりと寛いでいる。足は装束に隠れて見えないが、おそらく右の膝を立てているだろう。その他にも脇息は、机代わりに用いたり（図9）、寺院では剃髪《ていはつ》の際に用いる例も見られる（図10）。このように、脇に置いてもたれること以外にも、床坐の生活では何かと便利な小道具であったようである。

史料に見られる脇息の使用法はさまざまでも、坐り方としてはもたれた反対側の膝を立てて坐る「立て膝」が一般的だったようである。「胡坐」で脇息にもたれる場合もあるけれども、胡坐や正坐といった、身体が左右対称の坐り方で横にもたれると、どうしても腰の収まりが良くないのである。

もともと脇息とは寛ぎを演出するための道具であって、「崩し」と「寛ぎ」のなかに美を見いだす感性は、少なくとも江戸時代の頃までは息づいていたものと思われる。近代になって、伝統文化を担う大半の人々が「崩し」を許容しなくなってからというもの、「立て膝」は行儀の悪い坐り方と考えられるようになり、「立て膝」で寛ぐ脇息もおのずと不

図8

図9

図10

要のものになってしまったようである。

座布団と座蒲

現代の日本人にとって床坐の小道具として誰にとっても身近なものは座布団であるが、古代・中世において坐る際に使われていたのは畳、茵《しとね》（真綿などを布で包み、四方を錦などで縁どった薄めの敷物）、円座などで、敷物を用いていたのは主に公家や武士、僧侶などだったと思われる。「座布団を敷いて坐る」ということがひとつの作法として習慣化していくきっかけは、やはり坐禅に求められるのではないだろうか。曹洞宗の開祖、道元が著した『正法眼蔵《しょうぼうげんぞう》』「坐禅儀」には、「坐禅のとき、袈裟《けさ》をかくべし、蒲団《ふとん》をしくべし。（略）脊骨《せきこつ》のしたは蒲団にてあるなり」とあり、加えてこれが

図11

釈迦《しやか》の時代から変わらない坐禅の作法であることを伝えている。

ただし、禅宗の伝える座布団の敷き方には、一般家庭とはちょっとちがった工夫があって、まず足腰全体がのる大きさの座布団を一枚敷き、その上に、直径三〇センチ余り、厚さ二〇センチほどの「座蒲《ざふ》」という丸い座布団をのせ、尻だけを高くするようにして坐る（図11。ただし、四角の座蒲を用いる宗派もある）。このように「座蒲」で尻だけを高くすると、坐禅の際の足の組み方である「結跏趺坐《けつかふざ》」（一八五〜一八七頁参照）や「半跏趺坐」（一八七〜一八八頁参照）をして坐っても、腰がへたって猫背になるようなことがない。

いたってシンプルな道具ではあるけれども、長時間坐り続ける禅の修行のなかで、どうすれば腰が痛くならないか、どうすれば集中が長続きするか、という問題を見事に解決している道具である。膝や足首にはある程度の負担をかけるにしても、腰には必要以上の負荷をかけない、という考え方がこうした坐り方の作法からもよくわかる。

座具としての腰板

人体の「要」は「腰」である、ということを言って日本では普通に話が通じる。こうし

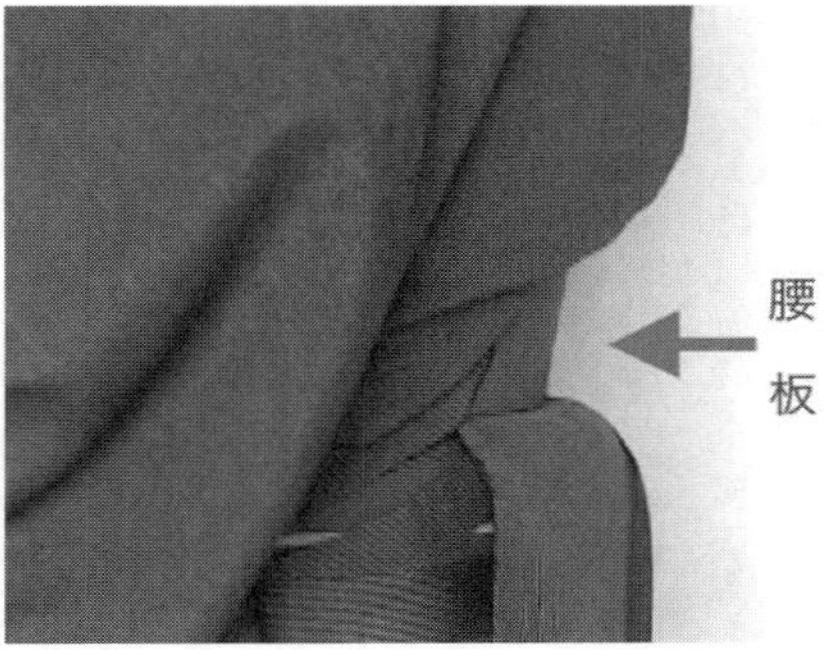

図12

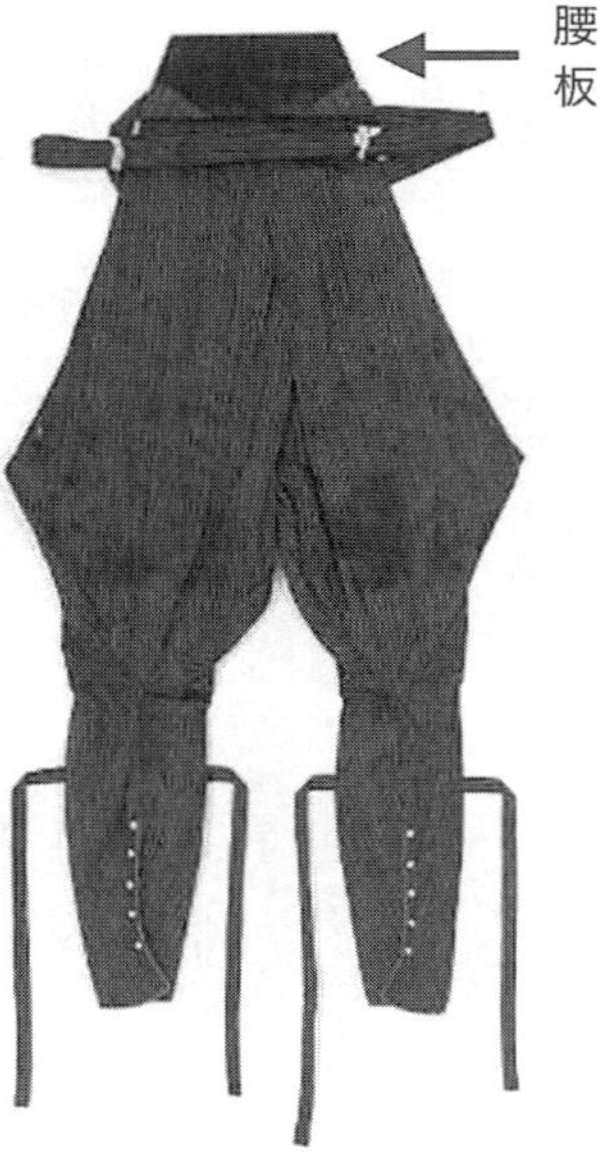

図13

た言葉の感覚にも、自分の国のありがたい歴史をみるようである。すでに文字からして肉月に「要」と書くわけだから話が早い。

腰を大事にするこの感覚は、とくに袴を着けたときにはっきりとわかる。男性の場合は腰に角帯を二〜三重巻きにした上に袴を穿くので、三〜四重に腰と肚を締めることになる。骨盤まわりにこれだけ幾重にも布が巻かれていると、上半身に余分な力が入ることはない。

さらに袴の後ろ身には「腰板」という分厚い芯《しん》の入った「腰当て」がついていて（図12）、これが腰骨（腸骨稜）のところにしっかり当たっていると、激しく動き回っても腰を痛めることはほとんどない。武術や肉体労働の作業時などにも、裾のすぼまった「裁着袴」を穿き、帯で腰をしっかり締めておくと、絶大な腰痛予防効果がある（図13）。これは、失くしてしまうにはあまりに惜しい文化遺産のひとつであると思う。

日本人は坐るときに、「背を後ろにもたれかかることを好まなかった」と先ほど述べた。古代から近世にかけて、宮廷や寺院で用いるために中国からかなりの数の椅子が輸入されていたのだが、「背を後ろにもたれかかる」という大陸風の使い方を日本人がしている様子は、史料を見る限りでは確認することができない。

また前にも指摘したように、キモノの帯は椅子の「背もたれ」とどうにも相性が悪いわけだけれども、そもそも「帯」や「腰板」には、意識しなくても自然と背筋が伸びるような「姿勢保持機能」がある。だから、オフィスチェアのような大掛かりな「背もたれ」を宛《あ》てがったりする必要はなかった。

かつての日本には、立居振舞いのあらゆる場面で「腰」を守るための優れた小道具が、すでに服飾様式の段階で存在していた。「腰を締める」という身体感覚は、とくに武士の間で好まれたものだが、それは「背を後ろに預ける」という無防備な状況を拒絶する感覚を、おのずとからだのなかにつくり上げていたためだと考えられる。近世までの日本に椅子が普及しなかった理由のひとつには、「帯」や「腰板」の感覚が、からだのなかに深く刻まれていたことも大きく関係していたのではないだろうか。

袴と武士の坐

正坐以外のさまざまな坐り方を許容するのにもっとも身近なアイテムは袴である。江戸時代の武士は原則的に袴を着用していたから、袴の下で武士がどのように足を崩しているのかをみていくと、これもさまざまなバリエーションがあって面白い。

まず図14は、膝を大きく横に開いて腰掛けている武士二人。右が丸亀藩士の原吉雄で、左は坂本龍馬ともいわれている。この不必要に自分の場所を大きくとろうとする姿勢が、いかにも「俺は武士だぞ！」「偉いんだぞ！」という主張が露で可笑《おか》しみさえ覚える。主君の前では「端坐」でかしこまっていても、一度家来や町人の前に出ると、不必要に膝を広げて自己アピールをしようとする侍の決まりのポーズだが、袴であればどんなに膝を開いても大丈夫である。

そんな武士でも疲れて「まったり」することはあるようで、図15の武士は武州の忍《おし》藩の藩士、吉田庸徳《つねのり》。刀に上体をもたせかけて、横坐りをしている。「正坐」から尻を横にずらした横坐りは、現代では「女の子坐り」とも言われているが、武士も疲れたときは「女の子坐り」をすることがあったようである。それでも袴で足が見えないから、さほど大きく姿勢が崩れた印象がない。もしスーツやジーンズで同じ姿勢をとったら、おそらくまったくちがった風に見えることだろう。

図16は寛いでいる坂本龍馬の写真である。左の膝を胡坐のように畳んで縁台にのせ、右

図16

図14

図17

図15

の足は地面に垂れ、京都、宝菩提院の「菩薩半跏像」（図17）に近い坐り方である。いつも右側にもたれかかる癖のある龍馬は、背骨が側彎《そくわん》していたのかも知れない。現代の感覚からすると、足を崩して行儀が悪く見えなくもないが、この坐り方で縁台などに腰掛ける男性の姿は他にもいくつか事例があり、わりと一般的な坐り方だったようである。

第三章で述べた通り、幕末・明治の町人女性たちはそのほとんどが正坐であったのに対し、男性の方は正坐以外にもさまざまな坐り方をしている。殿中の武家儀礼では「端坐」という作法が定められていたとしても、武士が必ずしも「正坐」ばかりをしていたわけではなくて、かしこまった席以外ではかなり自由に足を崩していた様子がわかる。元来武術を本業としていた武士の場合、その日常を支える服装は活動的な場面に対応できる袴と定められていた。どのように坐を崩しても許容してしまうほどの裾幅は、正装としての格式と、動きの自由度とを兼ね備えている。

女性の袴着

江戸時代中期の浮世絵師、西川祐信の「美人観花図」に描かれた女性のなかには、袴姿で花見をする女性たちがいる（図18）。第三章で見た狩野秀頼の「観楓図屏風」（九〇頁参照）と比べると、こちらは地面に毛氈《もうせん》を敷き、そのまわりを柄の入った幕で囲って座をしつらえ、なかには箏《こと》を爪弾《つまび》く女性などもいて、ずいぶん優雅な花見である。

画面の左後ろには「立て膝」で坐っている緋袴の女性が一人見えるけれども、不作法に

図18

図18拡大図

図19

乱れた様子は少しも感じられない（図18拡大図）。このような恰好は浮世絵のなかには頻繁に見られるのだが、袴を穿いているのといないのとでは、同じ「立て膝」でもずいぶん印象がちがって見える。言うまでもなく袴が裾の乱れを隠してくれるので、多少足を崩しても女性らしい気品が失われにくいのだ。

明治から昭和初期にかけて、袴は女学生たちの制服としても用いられており（図19）、卒業シーズンになると、いまでも女子学生が好んで袴を穿くのはその名残に他ならない。袴の幅広い裾が足を覆っていると、活動的な学校生活においても着衣の乱れはほぼ完全に抑止される。その「動きやすさ」と「気品を保つこと」とを両立させる袴の機能は、女性の和装に活動的な、若々しいイメージを与えてきただろう。

したがって遊女は決して袴を穿かない。酒宴で男性が喜ぶような遊芸に袴が不向きであることは説明するまでもなかろうが、武士も郭《くるわ》へ遊びに出るときには袴を外して行くくらいなのである。つまり袴は、日常のさまざまな制約から解放される享楽的な世界とは対極にある出で立ちであり、そのような意味でも、若い女性たちにとっての袴は、不作法な視線や振舞いから自分の身を護る楯の役割を果たしてもいた。

しかし、格式と美しさと護身を兼ね備えた袴の優美な着こなしの技は、すでに日本人女性の日常生活からは失われてしまったもののようである。

第三章でも述べたように、床坐で女性が足を崩しにくいのは、キモノの身幅が狭いことと密接に関係しているわけだが、それはそれとして、キモノを常用していた時代には、活動的な場面にも対応することのできる服装面での工夫がさまざまな形でなされていたのである。「床坐で楽に坐ること」と「寛いでいながらなお美しくあること」、この双方を同時に成り立たせるためには、坐る技術だけの問題ではなく「服飾のスタイル」も重要な鍵《かぎ》を握っているのだ。

第六章　坐の体験世界

坐と日本文化

かつて日本人の生活にかかわる大半の事柄は、「床に坐る」ことを前提に組み立てられてきた。飲食にかかわる日常の姿勢にはじまり、人と挨拶するときの作法から、芸事を嗜むときの基本の身構えなど、日本の文化を知ろうとするときに、「床に坐る」ことを抜きにしては、その懐深くには入ることができない。それも書物の情報や博物館の陳列品などを見聞きするばかりでなく、身をもって日本を堪能《たんのう》しようとするのであれば尚更である。

床に坐った目線から事物を眺めると、直立して俯瞰《ふかん》したときとは世界の見え方がちがってくる。たとえばカメラで椅子を撮影するときに、造形を綺麗《きれい》に見せるのであれば「低いアングルから撮る」という原則がある。庭の自然や人物を撮るにしても、低い視点から眺めるようにして、フィルムに収める。そうした手法を一貫して用いた映画作家に、小津安二郎がいることはあまりにも有名だ。ローポジションから写し撮られる世界には、何よりも画面に「奥行き」と「陰影」が深くあらわれる。アングルと距離感のちがいで、世界の見え方がわれわれの知る日常とは別次元の豊かさをあらわすことさえある。

畳の上に悠然と坐っていると、かつての日本人がどのように世界を眺め、人と人との関係をどのように和ませ、身の回りの諸々《もろもろ》の事柄を愛《いと》おしむように秩序立ててきた様子が、自分のからだでも感じ取ることができそうな気がする。端坐でかしこまるのもいいけれど、足を崩して寛ぐことも大切な作法のひとつであることを知るときに、古代・中世の人々の感覚を、よりリアルに推し量ることができるような気もする。

ただ地面や床に腰を下ろすだけならば、日本人に限らず誰もが行う休息の動作であるにちがいない。欧米のように、床に坐ることを嫌うような価値観をもった社会でもない限り、日頃から直立している人間が、足腰を休めるために「坐る」ということは、ごく自然なあたりまえの行為である。その坐り方に一定の合理的な方法を考え出し、自分だけでなく人にも伝え、社会の全体にまでそのやり方を普及させるようなことに至っているとすれば、「坐の作法」はその社会の文化を大本で支える役割を担っているとも言えるだろう。

二五〇〇年も続いた坐法

日本人はこれまで、「坐る」ということに強いこだわりをもって、自分たちの生活の形をつくり上げてきた。鎌倉時代のはじめに中国から禅宗が伝来し、当時政権を握っていた武士たちに歓迎されて以降、その教えは武家社会の基盤のひとつとなる。政治や文化、武術の心得までも取り込んでしまう懐の深さを、当時の禅はもっていたが、その教えの中心に「只管《ひたすら》坐る」という修行法のあったことは周知の通りである。

曹洞宗の開祖である道元が説く坐り方の作法は、『正法眼蔵』の「坐禅儀」や『普勧坐《ふかんざ》禅儀《ぜんぎ》』のなかに詳しく書かれているが、さらに遡《さかのぼ》ると、六世紀の中国の僧で中国天台宗の開祖である智顗《ちぎ》が書いた『天台小止観《てんだいしょうしかん》』にも、ほぼ同様のことが述べられている。坐って身体と心を整える修行の起源は、日本でも仏教伝来の頃まで遡ることができる。日本全土に密教を広めた空海や最澄も若い頃に山中での修行を経験しており、そのことが後の彼らにとって重要な意味をもってくるのだが、この山岳修行のなかには坐って行う修行も含まれていた。とくに空海の最晩年においては坐禅に明け暮れ、結跏趺坐のまま入定した（亡くなること）と伝えられている。

もっと歴史を遡ると、お釈迦様が大悟得心したときも、菩提樹の下でひたすら坐っていた。紀元前五〇〇～四〇〇年頃のことである。その坐法である「結跏趺坐」は、もともとはヨーガで「パドマ・アサナ（蓮華坐《れんげざ》）」と呼ばれている瞑想のための坐り方で、ヨーガにおいて、古代から現在に至るまでもっとも大事にされているポーズのひとつである。数多くあるバラモン教の聖典「ウパニシャッド」のなかには、登場する聖者がパドマ・アサナによって「身体の病気だけでなく、大罪をも打ち破る」と言っているとするものがあり（『ヨガ・マーラ』）、現代のヨーガの指導者によって書かれた『ヨガ・マーラ』でも、すべてのアサナのなかで「最高にして最も偉大」とされている。ひとつの坐り方が、バラモン教、密教、禅宗と二五〇〇年を超える時を貫いて存在し、それを行うことで得られた啓示が、宗教、文化、芸術、政治などに多くの影響を与えてきた。そのことを思うと、アジアにはとてつもなく広大な身体技法の鉱脈が眠っているようで、実は私たちが行う何気ないしぐさが偉大な文化資本に連綿と連なっていることに気づく。

大日如来考

筆者は、誰に教わるわけでもなく姿勢にかんする独自の訓練を学生の頃から続けてきたなかで、どこかにその理想的な「形」があるにちがいない、という直感が強くはたらくようになった。しかし、生きた人間の姿のなかに完成された坐の形に巡り合う縁が与えられなかったため、いつしか彫刻の形に自分の追うものを求めるようになり、国内はもとより海外へも足を運んでは、仏像という仏像を見て回った時期がある。

仏像の坐り方は時代や地域によってさまざまだけれども、私が個人的に手本にしているものに、奈良県の山奥にある円成寺という寺の「大日如来坐像」（図1）がある。歴史の教科書にもよく出てくる鎌倉時代に活躍した仏師、運慶が二〇代でつくったとされるもので、国宝に指定されている。普段は寺の多宝塔に安置されているので、気軽にお目に掛かることはできないのだが、東京国立博物館で催された国宝展で、この大日如来像を間近に拝見したときのことがいまでも記憶にはっきりと残っている。

相手が人間でなくとも電撃的な出会いというものはあるようで、以来その美しい横向きの背中を座右に置くようになった。その後もさまざまな仏像を見てはいるけれども、この大日如来像に勝る坐相というものを私は見たことがない。

あらためて考えると大日如来というのは不思議な仏である。由来は密教の最高神からきていて、「大日」とは「偉大な輝くもの」という意味で、宇宙の根本の仏であることをあ

図1

らわしている。通常の感覚からすると、人の姿を「宇宙」になぞらえることにはだいぶ発想に飛躍があるような気もするけれど、仏を彫る仏師の立場からすると、「宇宙そのものを感じさせるような印象を、どうすれば《坐った人形《ひとがた》》に再現させることができるだろうか」という命題を、仕事に忠実であればあるほど強く抱え込むことになる。

過去の仏像を忠実に学べば、とりあえず形式だけは継承することができる。しかし個々の作品のなかに「宇宙」の実質を吹き込むことがどんなに困難な仕事であるのかは、数々の名作を見てきての率直な感想である。運慶はそのなかでもフラッグシップ的な存在として仏教美術界の先頭に立つ人物でもあったわけだが、その若き日の大日如来像も、密教的な悟りの境地を伝えるのに十分な説得力をもっているように思う。

「坐る」という誰もが行う動作の形が洗練を究めていくときに、宇宙の創世原理とつながるような感覚が広がっているのだとすれば、一〇〇〇年以上の永きにわたって生き続けてきた「坐り方」の作法にも、底知れぬ「凄み」が感じられる。

坐禅の体験

ある日、わが武蔵野身体研究所に曹洞宗の若い僧侶が訪ねてきたときのことである。姿勢の研究者でもあるその僧侶は、仏教の教典を滔々《とうとう》と解説しながら、科学的なデータで裏づけられたご自身の研究の成果をいろいろとお教え下さった。

このように坐禅の効用を科学的に実証しようとする研究は数多くあるけれども、そもそも修行や瞑想法としての坐禅は、もっと別次元の動機から生まれたものであることの方が、むしろ私には気にかかっていた。心身の健康をもたらすことも坐禅の大事な一面ではあるけれども、まさか釈迦や達磨《だるま》が自分の健康のために延々と坐り続ける修行をしたわけではないだろう。

理想に燃える若い僧侶は批判も厳しく、現代の禅宗が抱える諸問題を挙げて、完膚なきまでの禅宗批判を熱く語った。門外漢の私には、いまや巨大教団と化した禅宗に対して感じる苦悩を彼は吐露《とろ》しているのだろうとも思われたが、「でも素晴らしいお坊様もいらっしゃるんでしょう?」と尋ねてみると、「確かにいます」と返ってきたので、とりあえずは安心した。

ともあれ折角《せっかく》禅宗のお坊さんが訪ねてきてくれたのだから、「坐禅の作法を教えていただきたい」と所望して、個人指導をお願いした。第五章で述べた通り、通常坐禅では「座蒲」という高さが二〇センチほどの分厚い布団を敷く。それも足全体の下に敷くのではなく、尻の下だけを高くすることによって、骨盤が自然と立つように導かれる。わが家にはそういう用意がないので、座布団を二つ折りにして間に合わせる。

右の足首を左の腿に、左の足首を右の腿にのせて、「結跏趺坐」の足組みをする。上にのせた足が少し床面から浮き上がっている。そこから上体を左右にゆっくり揺さぶっていくと、両方の太腿が地面にピッタリ密着してくる。

誘導にしたがって左右、前後、斜め前方といろいろな角度で上体を揺すっていくうちに、骨盤がしっかり安定してきて徐々に揺れが小さくなってくる。「この運動で肩こりや寝ちがえが治る人もあります」と解説をいただいて、なるほどと思う。

畳一帖半ほど先に目線を落とし、半眼を開いて禅定に入ると、呼吸は自然と臍下丹田《せいかたんでん》まで深く降りていた。呼吸が深く落ち着いていくにしたがって、鳩尾《みぞおち》はゆるみ、首や背骨の緊張が溶けていくのがよくわかる。呼吸の流れは静かに懐を広げ、下肚深くにまで満ち、息は足首の上に組まれた掌のなかに落ちていく。

小一時間ほど過ぎた頃、足をほどいてわれに返ると、部屋の空気は澄みきっていて、室内に流れる幽《かす》かな風の流れさえ心地よく感じられた。その先にある窓の外の大気までも快く、自分を取り巻く世界の遠くへ、感覚の触手が伸びていくようなその心境を語ると、「禅では自分が世界であり、世界は自分であるという言い方をします」と教わった。そういう突拍子もない表現をまったく違和感なく受け取れる感覚が、身体のなかに生まれたことは確かなようだった。この感覚が共有できると「私は貴方《あなた》であり、貴方は私である」というようなことを言われても、嫌な感じがしない。

はじめは彼が悩みながら探求している世界がなかなか伝わらなかったが、ひととき一緒に坐ることで理解できそうな気がした。「やはり誰かと一緒に坐るのはいいもんですね」と伝えると、「多ければ多いほどいいです」ということだった。

ヨーガも「坐」が基本

「禅」というと、現代では仏教の修行法のひとつと考えられているけれども、もともとはヨーガの修行における「ディヤーナ（静慮）」という瞑想の一段階を漢訳した言葉である。

古典的なヨーガのなかには、このディャーナを含む「アシュタンガ」と呼ばれる八つの修行の段階がある。テレビや雑誌などでよく目にする「ポーズ」の練習は、その三番目の段階の「アサナ」に相当する。つまり世間一般に広く知られているヨーガとは、数あるヨーガの修行のなかの「アサナ」のことを言っているわけだ。

「アサナ」には、体を捻じったり、伸ばしたり、足を背中の後ろに回したりと、さまざまな「ポーズ」があるけれども、そもそも「アサナ」とは「坐ること」を意味する言葉である。たとえば「アシュタンガ・ヨーガ」という現代のヨーガの一派では、一回に四十余りの「アサナ」を行って、最後は「結跏趺坐」と同じ「パドマ・アサナ」で締める。

ヨーガの坐法は、ゆったりと安定していて、しかも楽でなければならないという。そうは言っても、おそらく禅の「結跏趺坐」と同じあの坐り方に、楽なイメージをもつ人は少ないだろう。しかし一定期間の訓練を経て、ポーズを一通り身につけると、足首や股関節、背骨や肩関節など、からだの隅々にまで柔軟性が養われる。そうした段階を数年、数ヵ月も練習した後に、「パドマ・アサナ」の足組みをすると、関節のどこにもストレスを感じずに、非常に楽に「結跏趺坐」と同じ姿勢をとることができるようになる。

ヨーガと坐禅の体験から実感して思うに、「アサナ」は高度な「ポーズ」をアクロバティックに追求することが目的なのではなくて、楽に坐って、快い瞑想状態に入るための助走のようなものなのではないだろうか。

「アサナ」の訓練によって、楽に坐れる身体条件が養われると、そこから先は目に見えない「生気（プラーナ）」を養い、「感覚」そのものを統御する瞑想の段階に入っていくのだが、ここから先はもはや書物に記して説明すべき事柄ではなくなってくる。その瞑想の深まりにおいて、「澄んだ静けさ」の訪れた第七段階を「ディヤーナ（禅）」と言い、最終段階の「三昧《さんまい》（サーマディ）」になると、それこそ宇宙と一体になるような感覚が開かれてくるという。

このようにみてくると、ヨーガも根本的には「坐ること」を基盤にしていて、一見難しそうにみえる「ポーズ」の練習も、その名の通り「坐ること（アサナ）」を如何《いか》に洗練された形にもっていくことができるか、ということを目指して構成されていることがわかる。

生活を創造した日本禅

方々の寺院で坐禅を体験させていただくと、よく老師が「禅は苦行ではありません」と言われるのを聞く。しかし自分の足に痛みやしびれがひどく残っていて、二、三時間もその姿勢を崩すことができないとなると、「苦行ではありません」と言われても、正直その言葉はなかなか素直に入ってこない。でも坐禅が終わった後は、確かに心地よいし、からだも調子が良くなる。「こんな修行を毎日積んだ人たちは偉いな」と心から思う。

それと比べると、ヨーガの場合はだいぶ敷居が低く、初歩的なポーズから時間をかけて順々に「アサナ」を習得していくと、足腰の柔軟性が十分に養われて、坐ることにも「苦痛」という感覚はほとんど感じられなくなる。誰にでもできる初歩的な段階から人それぞれのペースで訓練していくことができ、それがとても心地よく、からだも綺麗になるものだから、若い女性の間で流行《はや》るのも納得がいく。

ヨーガの訓練は、「苦しみに耐えること」ばかりではなくて、本来「心地よさ」や「快さ」が伴うものなのである。ただヨーガの困ったところは、あまりに心地がよいものだから、仕事をするのが嫌になってしまったりすることがある。とくにインドでは、ヨーガをやったが最後、家庭も仕事もほっぽり出して、そればかりに熱中してしまう人があまりにも多いものだから、世間的には「ヨーガはやってはいけない」と言われるくらいなのだ。

瞑想に没頭すると、仕事や人間関係がもたらす煩《わずら》わしさからついつい逃避したくなるような心境になるのは、程度の差こそあれ、誰しもが経験することだろう。しかし禅の素晴らしいところは、深い瞑想と悟りの体験から、あらためて日常生活を秩序立てていく地点に戻ってくるところだと思う。

禅にかんしてはさまざまな逸話が残されているけれども、「ただ只管《ひたすら》に坐ること」を修行の根本に据えておきながら、「悟り」そのものを突き放しているようなところがある。禅語には「平常心是道」という言葉がある。「道とは平常心でいること、平常心でいようと必死になるのはすでに平常心ではない」という意味である。禅寺で学ぶ者は、平常心でいようなどと躍起になるのではなく、無心に手足を動かし、日々の食事を丁寧に拵《こしら》え、庭を掃き、堂内や廊下や雪隠《せっちん》の隅々を拭《ふ》き清めて、生活全体を丹念に整えることから日々学び、悟りへ至れ、と常に教えられてきた。

一心に悟りを目指して修行をしていると、自分以外のまわりのことが見えなくなってしまうような状態に、若い修行僧ほど陥りがちだという。これが瞑想の危うい一面でもあり、現実逃避的な精神状態に陥ると、からだの方も風通しの悪い、閉鎖的なムードになってくる。このような閉塞状態に陥ることも、修行のひとつの通過点ととれなくもないが、そこを通り越して、あたりまえの日常のなかへと戻ってくるところの見識に、日本で禅が一般社会に広く受け入れられていった所以《ゆえん》があるように思う。

坐から見える世界

床に坐ることを基本としてきた日本の生活文化は、中世の頃に定められた禅の作法に大きな影響を受けているのだが、それ以前の宮廷文化にも坐を大事にする思想はあって、たとえば歌人の藤原定家の歌論書とされる『毎月抄《まいげつしょう》』には、歌を詠《よ》むときの嗜みについて、「まず坐を正しくしなくては歌を詠んではならない」と書かれている。

普段、立ったり、寝っ転がったり、好き勝手な姿勢で歌を詠んでいると、正式な歌会の席で要領がちがってしまって、まったく詠めなくなってしまう。したがって、「くれぐれも坐を正さないでは歌を詠んではならない」と、かつて自分も父である俊成から厳しく戒《いまし》められたことを告白している。良い歌をひねり出そうと懸命に考えると、心が乱れてますます詠めなくなってしまうことがあり、そんなときにも坐を正していれば、おのずと詩の心が澄んできて、言葉が自然と浮かんでくる、ということだろう。

ただし、当時の歌人にとっての「正しい坐」とは、現代の「正坐」ではない。第二章でみた通り、定家が活躍していた鎌倉時代に正坐をしている日本人はほとんどいなかった。当時の歌人にとっての「正しい坐」とは膝に短冊《たんざく》を置いて文台代わりに用いることもできる「歌膝」の姿勢のことを言っているにちがいない。だとすると、中世の歌人は「立て膝」に坐って歌の心を研ぎすましていたことになる。

このように「坐」は文学の世界とも密接につながっていて、とくに和歌の言葉を生み出す感覚的な素地をつくる上で大事にされてきた。定家にしたがえば、優れた和歌が生まれるためには心が優れていなければならず、優れた心は歌人の身体とひとつのものである。言葉を換えて言うならば、和歌の世界を捉える心は「坐」によってこそ養われる、と言うこともできる。

こうした「言葉」と「心」と「身体」のつながりに、明確な思想を与えたのは中世の禅僧たちであり、曹洞宗の開祖である道元も、参禅の体験から見えた世界を「本来の面目」と題した和歌に表している。

春は花　夏ほととぎす　秋は月　冬雪冴えて冷《すず》しかりけり

あたりまえに見えている「自然」の姿が、このような素朴な言葉で、あらためて和歌の抑揚にのせて発せられるとき、詠み人の目には、私たちの見たこともないような輝きを放つ世界が映し出されていたのかも知れない。

「禅（ディヤーナ）」の意味する「聖なる静けさ」は、その感覚が生活のすべてに連続するよう修行者たちを導いたであろう。「坐」を整えることを中心として衣・食・住のひとつひとつを丁寧に組み立てるとき、日常生活と宗教的修養と芸術的創作とを隔てる境界はなくなり、人間の営みすべてと「聖なるもの」とが交わる場として浄化され、身体も言葉も空間も、それぞれが内に秘めたる本来の輝きを放つようになるだろう。

このようにして開悟者たちは、ただ只管坐《ひたすら》ることで身につけた見識をもとに、坐の周辺に広がるあらゆる事柄を、力強い形式へと秩序立てていった。つまり「如何に坐るか」という修行の実践から、座蒲の敷き方が定まり、腰を落ち着ける帯の締め方や、開いた膝をゆったり隠すキモノの身幅もおのずと定まったにちがいない。その瞑想の深まりから生まれた「澄んだ静けさ」、すなわち「禅」が持続するように、食事の作法や立居振舞いにも相応しい秩序が生まれ、歩幅に合った畳の寸法や身の丈に合った柱の高さ、心を落ち着けさせる天井の低さなど、空間の全体に明確な尺度が与えられただろう。これら「坐」を中心にして組み立てられた生活空間は、一般社会の文化を基盤において支える形式にまで高められ、庶民の日常へと浸透していくこととなる。

かくして日本人にとっての「坐」は、生活のあり方を定め、人と交わる身構えを教え、「身体」と「自然」とのこの上ない調和のなかで、人間の生きる道を示していっただろう。歴史の折々に椅子やテーブルが渡来したが、一時期の流行によっては容易に変更することのないほどの「坐の文化様式」が完成されていたために、一〇〇〇年以上の永きにわたって床坐の生活が保たれてきた。

その坐り方はわれわれ現代人が知るような窮屈なものばかりではなく、「安坐」や「立て膝」、「半跏趺坐」など、さまざまな状況に応じた坐り方が時々の作法にしたがって形づくられ、「崩しの自由」を許容することまでもが作法の内に含まれていた。座敷に上がり、畳に腰を下ろすとき、何となく打ち解けることのできる感覚が、私たち現代人の身体にわずかでも残っているとするならば、それも古来伝え継がれてきた身体文化の名残である。

社会学者のピエール・ブルデューは、人間が人間であることの条件を「文化を身につけることである」とした。日本文化の根底を形づくってきた「身体技法」の多くは、家屋や道具の意匠のなかに、あるいは伝統芸能の「型」のなかに、いまでも伝承されている。少し注意して目を向けてみると、私たちに身近な日常のなかにも、文化を再生させる種子は無数に眠っているのである。

第七章　坐り方ガイド「基本十姿」

最後に、これからも日本人の生活のなかに続いていくだろうと思われる基本的な坐り方を一〇種類ばかりまとめてみた。

たとえ欧米式の生活様式が普及していても、日本人であれば床や畳に腰を下ろして過ごす機会も少しくらいはあるだろう。そんなとき、どのように坐ればよいのか、どうすれば坐が定まり、どのように足を崩せば美しいか、どうすれば気持ちが寛ぐのか、私たち現代人もぜひ学びたい「基本十姿」をいま一度見直しておきたい。

端坐

いわゆる「正坐」のことだが、あえて「端坐」と言いたい。再三述べてきたように、永い日本の歴史のなかで「正坐」が「正しい坐」となったのは明治以降のことである。お尻の下に足首を畳み込む「端坐」の坐り方は、膝や足首にそれなりの負担がかかるけれども、腰への負担は極めて少なく、男女とも手軽にできて、自分の居場所を広々と占拠せず、身幅の狭い現代のキモノでも裾が乱れることがなく、やはり端正で慎ましい印象がある。

日本人であれば「端坐」のひとつくらいできるようになりたい、という思いをもつ人は若い人のなかでも少なくないが、やはり「足がしびれる」ことが大きなハードルとなっている。しかし足先のしびれは膝下の血行の問題であるから、足首の柔軟性を高めるようなストレッチをしたり、脛《すね》のまわりの筋肉をゆるめるようなマッサージを継続的に行うと、この問題は比較的楽に克服できる。むしろ短時間の「端坐」であれば、膝下の血行を促す健康上の効果も得られるくらいだ。

ただし問題は「膝」である。足先のしびれを通り越して膝が痛くなるような状態は、相当長い時間坐り続けた結果として引き起こされるものであるから、たとえ芸事の修練であっても、膝を痛めるほどの長時間の「端坐」は控えるべきで、せいぜい一時間以内に留めた方が良い。

いまの時代に伝統を継承する立場の方々は、作法と同時に膝や足首の柔軟性を確保する訓練も同時に考えなければならないだろうし、それこそかつてのように、女性でも膝を崩せるような、「端坐」以外の坐法も取り入れる配慮を真剣に考える必要があると思う。さもないと、日本の伝統文化は堅苦しい窮屈な呪縛《じゅばく》から、いつまでも解放されることはないだろう。

「端坐」の作法であるが、足の位置や置き方で坐ったときのストレスがずいぶんちがう。まずは足首の訓練のために「草」「行」「真」の三パターンに分けて考えてみよう。

①草の端坐（図1）

左右の踵を開き、踵の間に尻を落とした「端坐」。足首に直接体重がかからないので、比較的ストレスが少なく、はじめての人でもわりと楽にできる。

②行の端坐（図2）

どちらか一方の足の甲をもう一方の足の裏に重ね、踵の上に尻をのせた「端坐」。これは坐ったまま左右前後へ動いたりしなければならないようなときにも、足先が離れにくく、安定が良いので茶の席などでは多用される坐り方。

左右の足先で上にのせやすい方とのせにくい方とがある。足首の柔軟性を養うという意味では、のせにくい方で訓練しておくと左右がバランス良く調整できる。草の端坐と比較すると、足首に締まった感覚があり、坐ったときの緊張感が少し高まる。

③真の端坐（図3）

両方の足先を平行に揃え、踵の上に尻をのせ、しっかり骨盤を立てた形の「端坐」。左右の踵をピッタリくっつけるのには、膝と足首とにかなりの柔軟性を要するが、これが楽にできるくらい足首が柔軟になると、足がしびれることもほとんどなくなってくる。はじめは決して楽な坐り方ではないけれども、トレーニング効果を期待される方は、真の「端坐」にチャレンジすると良いだろう。足首や骨盤が引き締まり、他の坐り方も楽に

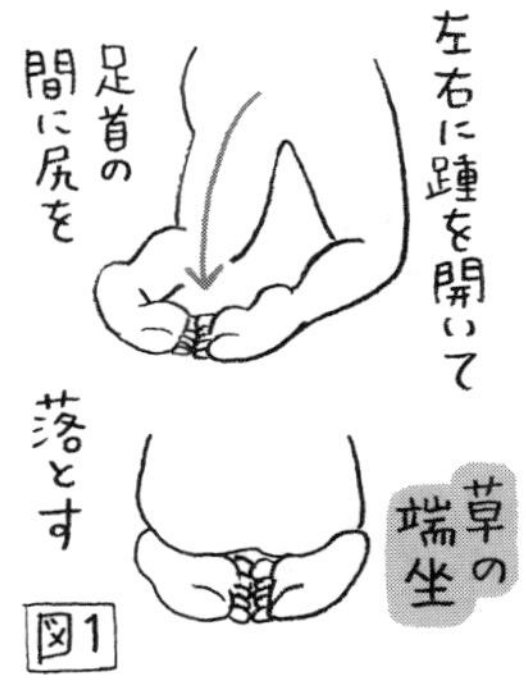

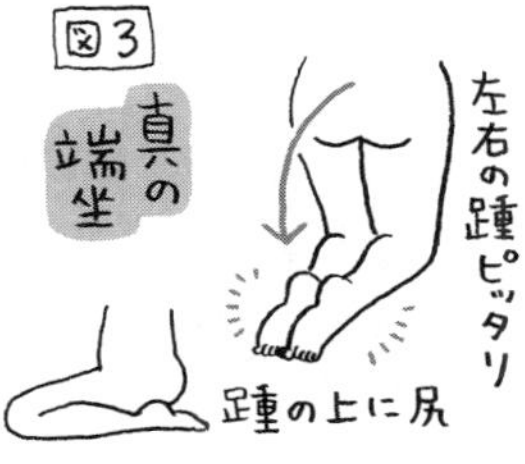

できるようになる。

割坐

端坐の足首を左右に開き、踵と踵の間に尻を落とす坐り方を「割坐」と言う（図4）。いまでは通称「女の子坐り」などとも言われるくらいで（図5）、これは女性にとっては苦もない坐り方だが、なぜか大多数の成人男性には、膝に大きな負担がかかって難しい坐法である。

男性と女性とでは関節の構造がちがうからということも考えられるが、どうやらそればかりでもなさそうだ。第四章で説明した通り、平安時代に「亀居」と呼ばれていたこの坐り方が叙位や除目などの儀礼の際に使われていたわけだから、男性でも訓練や生活習慣の如何《いかん》によっては決してできない坐り方ではないことがわかる。

しかも袴を穿いていると足が見えないので、割坐をしていても外見的には正坐と見分けがつかない（図6）。足首は開いても骨盤だけはしっかり立てておけばだらしない印象にはならず、膝の柔軟性に問題さえなければ、結構重宝する崩しの坐法である。

横坐り

女性が坐を崩すときに、現代でもいちばん多く行われるのがこの「横坐り」ではないだろうか。このため、「女の子坐り」とも言われる。両の踵に尻をのせた端坐から、腰を左右どちらかにずらせばこの坐り方になる（図7、図8）。膝を開くことが憚《はばか》られるような服装をしているときに、「端坐」による足へのストレスを軽減させるために使われる。

この坐り方にもずらしやすい方とずらしにくい方とがある。日々の習慣のこととなるとついついやりやすい方ばかりをしてしまいがちだが、こういう左右非対称の坐法というのは、片方だけをくり返し行っていると、当然の結果として身体に歪《ゆが》みが生じる。したがってやりにくい方を意識的に行ってみることも、歪み調整のためには有効で、しばらく続け

るうちにやりにくい方にも違和感を感じなくなってくる。

「横坐り」は現代のキモノや洋服のときには「坐を崩している」という風にしか見えないかも知れないが、平安時代の公家女性も、幾重にも重ねた装束の下で優雅に足を崩して横坐りしていたようである。小袿や袿などを幾重にも重ねたり、ゆったりした袴を穿いたりする理由のひとつには、十分に寛いで坐っていても高貴な「居ずまい」「佇まい」は保たれるという点にあると考えられる。美しさや気品を存分に漂わせながら寛ぎの自由も損なわないという一点にも、伝統に培われた知恵の秘められていることが読み取れる。

一七六頁の写真にも、中央にキモノで坐を崩す少女の姿がある。人の背中にもたれかかり、「横坐り」をするような風景は、いまではまず目にすることはないと思うが、寛いだこのようなしぐさにも、舞踊の一場面のような詩情が漂っている。キモノにおける「崩し坐」のバリエーションは、現代のわれわれが考えているよりも多いのかも知れない。

安坐と胡坐

膝を大きく横に開いた「胡坐」は、江戸時代以降はもっぱら男性の坐り方になってしま

図9

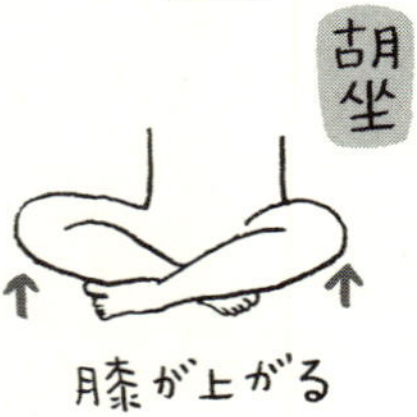

図10

図11

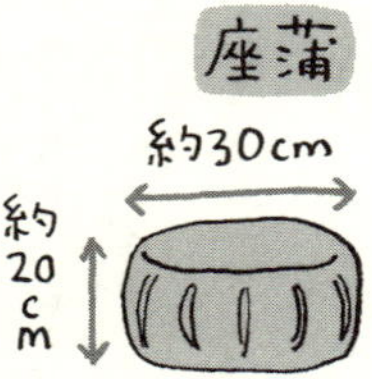

図12

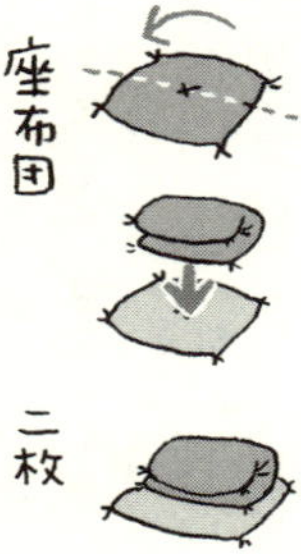

図13

ったが、それ以前は女性にも一般的に見られた寛ぎの坐法であった。

通常「胡坐」は足首を上下に組むが（図9）、足首を組まずに前後に揃える坐り方は「安坐」と呼んで区別をする（図10）。股関節さえ柔らかければ、腿や膝が床にピッタリと着く「安坐」の方が「胡坐」よりも安定性が高い。

「胡坐」と「安坐」のいずれも、足は比較的楽だけれども腰を立てておくことが難しく、「端坐」と比べると腰へのストレスが大きい坐り方である。しかし座布団などで尻だけを高くすると、腰へのストレスは大幅に軽減される。

第五章でも述べた通り、これは昔から坐禅を組むときに行われてきたやり方で、厚さ二〇センチほどの「座蒲」（図11。四角い「座蒲」を用いる宗派もある）を尻の下に敷いて腰を立たせる。「座蒲」がない場合は、座布団を二つ折りにして尻に敷けば同様の効果を得ることができる（図12、図13）。

畳立て膝と楽立て膝

片方の足を尻の下に畳み、反対の膝を立てた坐り方を「畳立て膝」と呼ぶ（図14）。韓

図14

畳立て膝

図15

楽立て膝

骨盤が前傾して腰痛になりにくい

図16

脇息と楽立て膝で寛ぐ

基本的に立てた膝と反対側にもたれる

国ではこれが正式な坐り方とされており、日本でも江戸時代のはじめ頃までは点茶での正式な坐り方だった。「畳立て膝」は立ち坐りがスムースにでき、足腰への負担が少ない。服装上の制約がなければいまの日本でも多用されて良い坐り方である。

尻の下に畳んだ足首を前に外して尻を床に着くようにすれば、図15の「楽立て膝」となる。こうなると足首へのストレスはほとんどなくなるので、寛ぎの坐として日本人に古来好まれてきた坐り方である。腕で膝を抱きかかえるようにしているのにも理由があって、こうすると腰が引っ張り上げられて骨盤が前傾し、腰痛になりにくいのである。

また、脇息を用いるような座でも「楽立て膝」が好まれた（図16）。右にもたれるときは左の膝を立て、左にもたれるときは右の膝を立てるという風に、基本的にもたれるのは立てた膝と反対側である。脇息でなくとも何かにもたれる場合には、この「楽立て膝」だと収まりが良い。「楽立て膝」で脇息などにもたれる坐り方を「もたれ立て膝」と呼んでも良い。

図17

歌膝

「歌膝」とは文字通り、和歌を詠むときの坐り方に由来する。第六章でも触れたように、鎌倉時代に活躍した歌人、藤原定家は、歌を詠む際には正しい坐り方で詠まなければならないと教え諭したとされるが、その正しい坐り方とは、この「歌膝」の坐法であったにちがいなく、現代で言う「正坐」ではない。

「歌膝」は基本的に「楽立て膝」と同じなのだが、立てた膝を文台代わりにして、短冊をのせて筆を走らせることもできるように、足首を前に出し、膝の高さを少し低くする（図17）。つまり「楽立て膝」とのちがいは、膝の立て加減にある。

机のない場所でメモをとるときなどに、この「歌膝」の坐法を知っていると、膝の上にノートをのせて文字を書くことができ、見た目にも端正で、たいへん重宝する。ちょっとアレンジをして、左右の膝を余り立てず、しかもできるだけ近づけて足を組むようにすると、スカートでも気にせず「歌膝」をすることができる。

筆者の講義でこういうケースがあると、大半の学生が畳や床に這い蹲ってメモをとろうとするので、「わざわざ身分を貶《おとし》めるような身体技法は控えるように」と諭《さと》すことにしている。

踵坐

踵の上に坐ることを「踵坐」と呼ぶことにする。「端坐」から足首だけを立てると、この坐り方になる（図18）。かつては従者が屋外で待機するときなどによく用いた姿勢で、服を汚すことを嫌って踵の上に腰を下ろしたものと思われる。「端坐」から立ち上がろうとするときには、この坐り方が途中に入る。つまりこの坐り方をしていれば、踵を踏み出すだけで立ち上がることができるという動作性の高い坐法である。

「踵坐」で一定時間坐っているためには、ある程度、足首と足の指の部分に柔軟性が必要となるけれども、基本的には待機のための坐法であるから、それほど長時間坐ることはな

図18

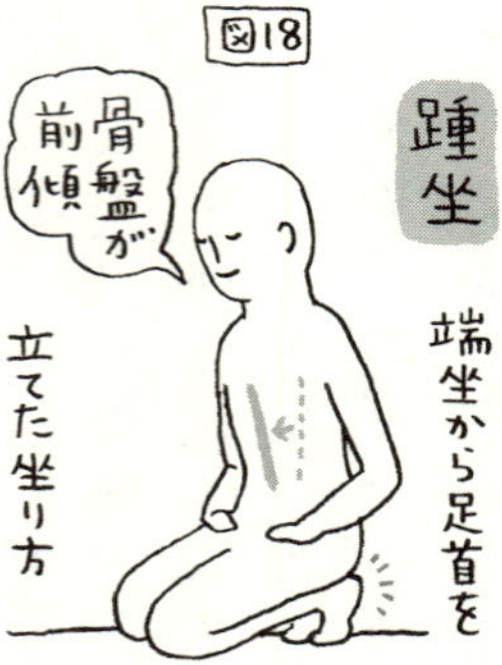
踵坐
端坐から足首を立てた坐り方
骨盤が前傾

図19

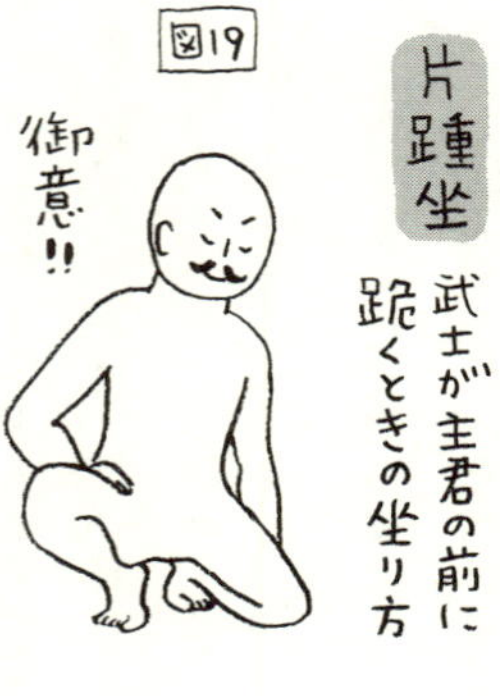
片踵坐
武士が主君の前に跪くときの坐り方
御意!!

く、せいぜい数分から数十分辛抱できれば良いわけである。
「端坐」よりもさらに腰が高い位置にくるので、否応もなく骨盤が前傾して腰に負担がかかりにくい、もっとも良い坐り方のひとつである。
ここから片膝を立てれば「片踵坐」となり、屋外用で武士が主君の前に跪《ひざまず》くときの坐り方になる（図19）。

蹲踞

踵の上に坐り、両膝を大きく開いた坐法を「蹲踞」という（図20）。現代の相撲で力士が勝ち名乗りを受けるときなどに行っている坐り方である。腰は下ろしていても、足の指だけで全体重を支えるから、不安定に見える。しかしこういう不安定な形を無理なく保つことができるようになると、身体全体に歪みが生じにくく、バランス良く身体を統率する「中心感覚」が養われる。この坐り方、相撲中継以外ではほとんど見ることがなくなったが、身体のバランスを養うトレーニングという意味では、今後も継承し続けたい坐法のひとつである。

結跏趺坐

坐禅の作法として知られた「結跏趺坐」だが、この坐り方は、右の足首を左の腿にのせ、左の足首を右の腿にのせて行う（図21）。インドでは「パドマ・アサナ」と言って、もともとはヨーガの修行で瞑想を行うときに用いられた坐法である。日本にはかな

り古くから伝わっていたが、禅宗が伝来するまでは、仏教の修行をする人々だけが行っていた坐り方だった。

訓練もなしにいきなりこの坐り方をやろうとすると、膝にも足首にも尋常でない負荷がかかるので苦行のように思われがちだが、きちんと段階を踏んでやり方を身につけるとそうでもない。とくにヨーガでは、「パドマ・アサナ」を身につける前に関節をゆるめるさまざまなポーズで修練を積む。一、三カ月もそうした訓練を続けると、「結跏趺坐」の坐法も本当に楽にできるようになる。

禅もヨーガも瞑想のためにこの坐り方を行ってきた。それは自己の心と身体を十分に開拓し、万物に内在する宇宙の摂理とひとつになるような感覚を、身をもって認識することをひとつの通過点としている。それよりも遥《はる》かに初歩の段階として、病気の治癒や健康上の効用も古くから認められていた。結跏趺坐をすると、それだけで腰から下の循環機能が高まるのがすぐにわかるし、自律神経の機能が高まることも、瞑想状態に入っているときにはごく普通にあらわれてくる。

半跏趺坐

片方の足だけ組む（片方の足首を他方の腿の上にのせる）坐り方を「半跏趺坐」と言うが（図22）、こちらは足への負担は比較的少なく、だいぶゆったりした感じになる。したがって体質を変えていく力は「結跏趺坐」ほどではないけれども、ゆったりと瞑想できる良さがある。たとえばスリランカの坐像仏などは、ほとんどが「半跏趺坐」で坐っている。瞑想は心と身体とがともに一体となってはたらくものであるから、肉体の苦痛が集中の妨げになる場合は、ゆったりと「半跏趺坐」に組むのも良い。

図22

「半跏趺坐」はその手軽さから庶民の日常にも浸透した坐法で、「胡坐」や「安坐」よりも安定感がある。かつては職人の坐り仕事などによく見られたが、現代人も「胡坐」「安坐」「半跏趺坐」くらいの坐り方を身につけおくと便利である。これも組みやすい方と、組みにくい方とがあるので、身体のバランスを考えて両方を交互に行うと良い。

床坐類型図

これまでみてきた日本古来の床坐法は、身体の技法的な特性から、大きく三つの系統に分類することができる。一覧表にして整理をしてみよう（図23）。

まず、「正坐」に代表されるような、尻の下に足を畳み込む坐り方を「畳脚系《じょうきゃく》」と呼ぶことにする。この系統には、「割坐」と「横坐り」とが含まれる。次に「胡坐」に代表される膝を大きく横に開く坐り方を「開膝系《かいしつ》」とする。これには「安坐」「貴人坐」「半跏趺坐」「結跏趺坐」が含まれる。もう一つは「立膝系《りっしつ》」の坐り方で、この系統には先に触れた「畳立て膝」「楽立て膝」「もたれ立て膝」の他、俗に「体育館坐り」とも言われる「両立て膝」、「ヤンキー坐り」に相当する「しゃがみ立て膝」が含まれる。

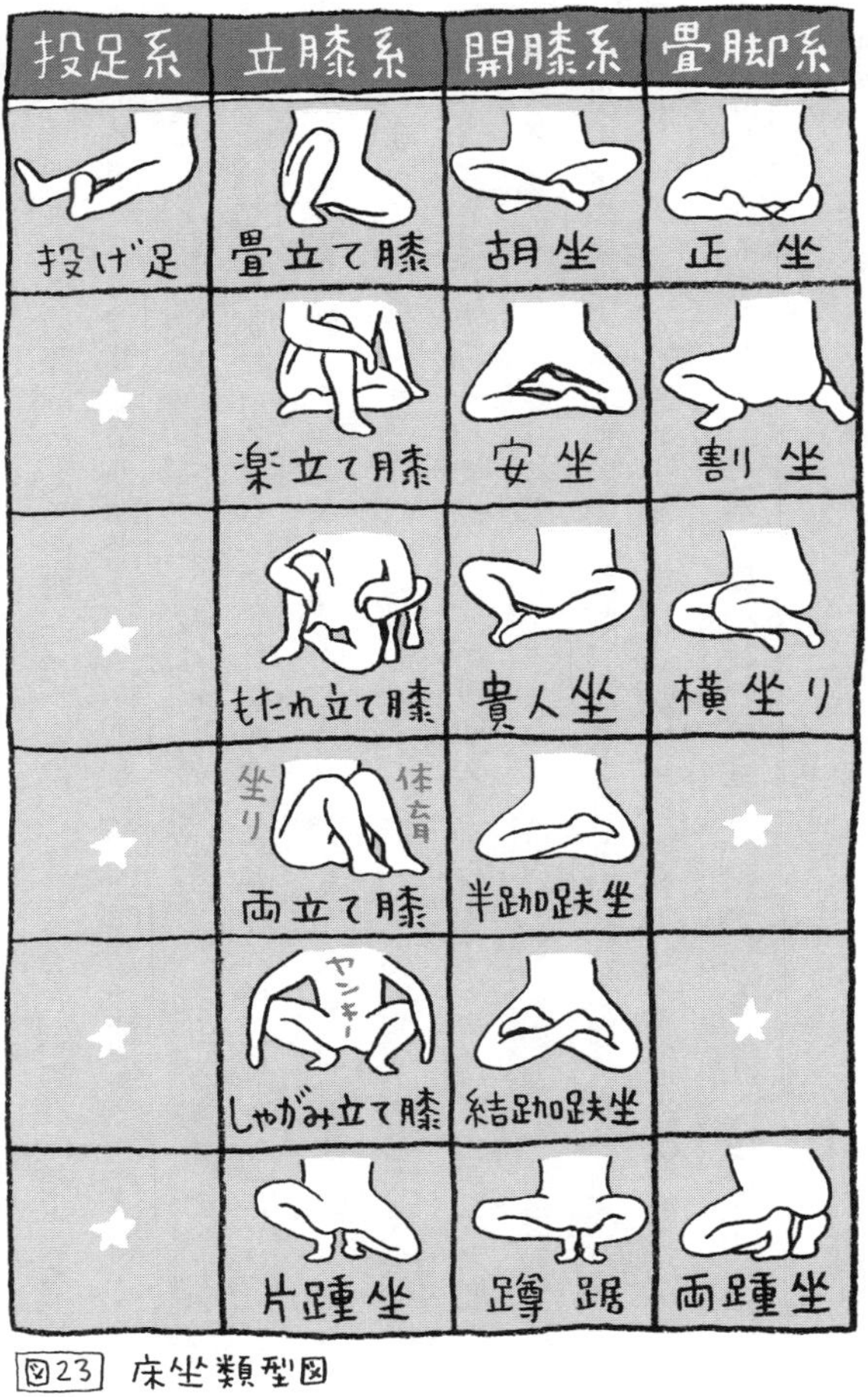
投足系
立膝系
開膝系
畳脚系
投げ足
畳立て膝
胡坐
正坐
楽立て膝
安坐
割坐
もたれ立て膝
貴人坐
横坐り
坐り
体育
両立て膝
半跏趺坐
ヤンキー
しゃがみ立て膝
結跏趺坐
片踵坐
蹲踞
両踵坐

図23　床坐類型図

これら「畳脚」「開膝」「立膝」の三系統の坐り方には、それぞれ踵に坐る坐法があり、これは一つの派生的な系統として「踵坐系」と位置づけることにする。つまり畳脚系の踵坐を「両踵坐」とし、開膝系の踵坐は「蹲踞」とし、立膝系の踵坐を「片踵坐」とする。

最後に両足を前に投げ出して坐る「投げ足」の坐り方を「投足系」として分類する。この坐り方は、古代・中世の絵巻では、子どもが遊んでいるときなどの、ほんの一、二例くらいしか見られず、日本では大人が日常的に行うような作法として位置づけられることはなかったようである。しかし、日本以外の社会では、たとえばバリ島の人々がこの姿勢で長時間坐って絵画の制作をしたり、西アフリカの農耕民が木工作業や太鼓の革張り作業をしたりする事例などが確認されている。つまり「投げ足」についても、一定の合理性をもった床坐の身体技法とみていいわけだが、なぜか日本の社会では、この坐り方が一般化することはなかったようなのである。こうした床坐における「足の処し方」についても、他の民族と比較をしてみると、日本人に独特の感覚がみえてくるようである。

おわりに――日本文化の基層に

「畳（床坐《ゆかざ》）で一冊、三〇分で読めるような本を書いて下さい」という依頼が舞い込んできたのは、三年前（二〇〇七年）の秋のことで、「ずいぶん難しい宿題をいただいてしまったなぁ」と思い悩む内に時間ばかりが過ぎていった。とはいえ「日本人の身体技法」というテーマを曲がりなりにも追いかけてきた者にとって、本書の主題は決して御座《おざ》なりにはできない重要課題でもあり、かねてから疑問に思ってきた事柄を解明すべく調べを進めていくことになった。

本書の企画は、欧米化する時流のなかで失われてゆく「畳」への郷愁から生まれたものだが、現実問題として床坐の喪失は単なる情緒的な郷愁に留まらない。本文でも再三指摘してきたように、日本の伝統文化といわれるものは、「坐」を中心にして組み立てられている。修行や芸道の作法をはじめ、「坐」にかかわる諸々の物質文化の形式や家屋のなかでのコミュニケーションスタイルに至るまで、「坐」の深層には、日本人の精神生活と社会生活とを根本のところで支える役割が根づいていた。そう考えると、現代における床坐の衰退は、永い永い年月をかけて身体化された文化資本が大きく崩壊してゆく「文化の地崩れ現象」のように私には見える。

たとえば大学で日本文化を講じるとする。しかし学内には日本古来の空間がない。無機質な鉄筋の校舎のなかで、学生たちはベニア板やプラスチックの椅子に坐って講義を聞いている。教壇で語ることのできる日本文化の情報は、活字と映像のみに限られていて、谷崎潤一郎の『陰翳礼讃《いんえいらいさん》』を読むことはできても、谷崎の描いた「陰翳」を身をもって体感できる場は大学にも家庭にもほとんどない。「坐」と「空間」、そこに射し込む「光」と光によってつくり出される「影」を実際に経験し、その全存在的な体験が身体の奥深くへと流れ込んではじめて、活字の情報は生きた知識としてその人の身につくのだが。

また伝統文化を嗜もうとしても、床坐の習慣を失ってしまった私たち現代人にとっては、「床に坐る」ということそのものがストレスになってしまう場合もある。「伝統文化は正坐で行わなければならない」という考えは伝統を継承する人々の間でとくに根強い。そうした歪んだ常識を告発することも学問のひとつの使命と考え、いま一度古代・中世のゆったりとした床坐文化を見直すべく、この研究はスタートした。したがって問題の立て方はいたってシンプルで、「端坐はいつ頃から、どのようにして『正しい坐』となったのか」「古代・中世の日本人はどのように坐っていたのか」「現代を生きる私たちは、どのように坐ればいいのか」という素朴な問いかけに対して、史実に基づいた答えを探し当てることを主な課題とした。

あらためて振り返ると、端坐を正しい坐と定め、庶民一般に普及させたのは武士や軍人たちであった。かつての「つくばう」「かしこまる」という名称の通り、封建君主に対する服従を示す身体的な記号として、近世初期の武家儀礼からこの作法は広まりはじめる。明治期の学校教育によって「正坐」という言葉が定着した背景にも、弓馬術の伝統を引く小笠原流礼法の強い牽引《けんいん》があり、その後の礼法教育は富国強兵を旨とする硬直した軍国の思想へと絡め取られていくことになる。そこに見られる坐の思想は、日本文化の本来の姿からは大きく逸れ、たとえば中世の茶人が重んじた「崩しの自由」という美学などは遠く忘れ去られてゆく。

くり返しになるが「近世以前の日本人は正坐などしてはいなかった」。このことは史家の間ではよく知られた知識ではあるのだが、どうしても断片的な指摘に留まることが多く、当時の人々の身体技法をリアルに想像することが筆者には難しかった。今回、図像史料などを通して、あらためて古代・中世の坐生活に踏み込んでみると、坐り方の多彩さに筆者自身がまず驚いているし、いままで広く定着していた「正坐」の常識が悉《ことごと》く崩れていくようであった。と同時に、「しびれを切らしてでも正坐に耐えることが礼儀である」という歪んだ伝統の呪縛から解放されるような安堵があった。

調査にあたっては武蔵大学における「日本の身体文化ゼミ」の学生たちが手足となって動いてくれた。演習の授業でありながら学生が四八人もいて、折角履修してくれた若者たちを抽選でふるい落とすのも忍びなく、物量作戦で必要な史料を集められるだけ集めてもらい、そこから日本人の坐生活の様子を浮かび上がらせる過程をともに学ぶこととなった。したがって本書の第二章、第三章、第四章は学生たちとの共同作業であり、彼らの手柄に多くを負っている。とくに第四章に書かれた「正坐」の語法や成り立ちの問題は、当時四年生であった戸塚拓美君の卒業論文の成果がもとになっている。また夏目漱石の文学における正坐の語法の問題は、その論文審査を担当された言語学者の小川栄一教授のご指摘に基づいている。引用の仕方が安易に過ぎるという叱責は免れないかも知れないが、情報源を明記して、心からの謝辞とともに掲載をさせていただくことにした。

引用・参考文献（著者名五〇音順）

阿部秋生他校注『源氏物語　一』（日本古典文学全集12）小学館　一九七〇年（昭和四五年）

在田嘉九郎編『新撰小学諸礼式』三省舎　一八八二年（明治一五年）

入沢達吉「日本人の坐り方に就て」「史学雑誌」第三一編第八号　山川出版社　一九二〇年（大正九年）

江馬務『日本風俗写真大観』誠文堂新光社　一九三六年（昭和一一年）

片桐石州『田中素白師伝　石州三百箇条　平成水戸何陋会三百箇条』石州流水戸何陋会　二〇〇二年（平成一四年）

菊地明『クロニクル　坂本龍馬の33年』新人物往来社　二〇〇六年（平成一八年）

熊倉功夫『文化としてのマナー』岩波書店　一九九九年（平成一一年）

熊田みゆき・土屋きたお『現代図解礼儀作法全書』学術出版社　一九三六年（昭和一一年）

小林義則編『男女普通小学諸礼法』全三冊　文学社　一八八二年（明治一五年）

小松茂美編「日本絵巻大成」全二七巻　中央公論社　一九七七〜一九八四年（昭和五二〜五九年）

小松茂美編「続日本絵巻大成」全二〇巻　中央公論社　一九八一〜一九八五年（昭和五六〜六〇年）

小松茂美編「続続日本絵巻大成」全八巻　中央公論社　一九九三〜一九九五年（平成五〜七年）

近藤瓶城編『小学諸礼式』中近堂　一八八二年（明治一五年）

佐藤泰子『日本服装史』建帛社　一九九二年（平成四年）

シュリ・K・パタビ・ジョイス『ヨガ・マーラ』ケン・ハラクマ監修　中園順子訳　産調出版　二〇〇

六年（平成一八年）
審美書院編『浮世絵派画集』全五冊　審美書院　一九一八年（大正七年）
田中小三郎『実地脩身小学礼法詳説』全二冊　白砂翠竹村舘　一八八二年（明治一五年）
田中小三郎『小学女子容儀詳説』全二冊　白砂翠竹村舘　一八八二〜一八八三年（明治一五〜一六年）
寺田寅彦『寺田寅彦随筆集　第三巻』岩波文庫　一九四八年（昭和二三年）「夏目漱石先生の追憶」の初出は「俳句講座」一九三二年（昭和七年）
徳川義親『日常礼法の心得』実業之日本社　一九三九年（昭和一四年）
夏目漱石『漱石全集』全二九巻　岩波書店　一九九三〜一九九九年（平成五〜一一年）
樋口一葉『にごりえ・たけくらべ』岩波文庫　一九二七年（昭和二年）
二木謙一『中世武家の作法』吉川弘文館　一九九九年（平成一一年）
町田宗心『徳川四代将軍茶道師範　片桐石州の生涯』光村推古書院　二〇〇五年（平成一七年）
松崎双葉『礼儀作法精義』南北社　一九一四年（大正三年）
マルセル・モース『社会学と人類学Ⅱ』有地亨・山口俊夫訳　弘文堂　一九七六年（昭和五一年）
水野弥穂子校注『正法眼蔵　㈠』ワイド版岩波文庫　一九九三年（平成五年）
『モース・コレクション日本民具編　モースの見た日本』小学館　一九八八年（昭和六三年）
矢田部英正『たたずまいの美学　日本人の身体技法』中公叢書　二〇〇四年（平成一六年）
矢田部英正『椅子と日本人のからだ』晶文社　二〇〇四年（平成一六年）
矢田部英正『からだのメソッド　立居振舞いの技術』バジリコ　二〇〇九年（平成二一年）

山折哲雄『「坐」の文化論』講談社学術文庫　一九八四年（昭和五九年）
『別冊太陽　銘仙』平凡社　二〇〇四年（平成一六年）

図版出典一覧

第二章　坐り方の多様性

図1　千利休像　長谷川等伯　表千家不審菴所蔵
図2　胡坐（『日本風俗写真大観』より転載）
図3　安坐　同右
図4　浴衣姿の外国人　放送大学附属図書館所蔵
図5　半跏趺坐で坐っている男　放送大学附属図書館所蔵
図6　上杉重房坐像　明月院所蔵
図7　鳥羽院　『天皇摂関大臣影』宮内庁三の丸尚蔵館所蔵
図8　国宝　『源氏物語絵巻』「竹河二」（部分）徳川美術館所蔵
図9　公家女性の坐（『日本風俗写真大観』より転載）
図10　泉殿で涼をとる公家の男性と女性　同右
図11　『春日権現験記絵』東京国立博物館所蔵
図12　『慕帰絵詞』　西本願寺所蔵（『続日本絵巻大成4』より転載）
図13　「青楼美人合」鈴木春信　国立国会図書館所蔵
図14　「北楼及び演劇図巻」菱川師宣　東京国立博物館所蔵
図15　「角田川」菱川師宣　千葉市美術館所蔵

図16　「男女歓楽図」西川祐信（『浮世絵派画集』より転載）
図17　『法然上人絵伝』知恩院所蔵（『続日本絵巻大成1』より転載）
図18　『春日権現験記絵』東京国立博物館所蔵
図19　立て膝をする裕福な商家の女性（『日本風俗写真大観』より転載）
図20　まな板を使う女性　放送大学附属図書館所蔵
図21　すり鉢を使う女性　長崎大学附属図書館所蔵
図22　『春日権現験記絵』東京国立博物館所蔵
図23　同右
図24　同右
図25　武士と従者のヤンキー坐り　放送大学附属図書館所蔵
図26　従者のヤンキー坐り　同右
図27　『春日権現験記絵』東京国立博物館所蔵
図28　賭博をする男たち　放送大学附属図書館所蔵
図29　長崎奉行　服部常純　長崎大学附属図書館所蔵
図30　松平忠礼と藩士たち　東京都写真美術館所蔵

第三章　なぜ正坐が広まったのか

図1　『慕帰絵詞』西本願寺所蔵（『続日本絵巻大成4』より転載）

図2　同右
図3　寛ぐ三人の女性たち　長崎大学附属図書館所蔵
図4　川床で寛ぐ女性たち　同右
図5　縁側で寛ぐ女性たち　同右
図6　囲碁に興じる人々　同右
図7　読み書きをする女性たち　同右
図8　三味線を弾く女性　同右
図9　崇徳院『天皇摂関大臣影』宮内庁三の丸尚蔵館所蔵
図10　佐藤泰子作成（『日本服装史』より転載）
図11　「花下遊楽図屏風」狩野長信　東京国立博物館所蔵
図12　「当世遊里美人合たち花」鳥居清長　東京都江戸東京博物館所蔵
図13　「観楓図屏風」狩野秀頼　東京国立博物館所蔵

第四章　正坐偶像論

図1　「整服」国立国会図書館所蔵（『実地脩身小学礼法詳説』より転載）
図2　「傘履」同右
図3　「喫飯」同右
表1　戸塚拓美作成の表をもとに作成

第五章　坐るための知恵

図1　座具としてのゲタ　セイラム・ピーボディー博物館所蔵（『モース・コレクション日本民具編　モースの見た日本』より転載）
図2　糸綛づくり　同右
図3　『慕帰絵詞』西本願寺所蔵（『続日本絵巻大成4』より転載）
図4　立てた膝に肘をもたせかけている公家の男性（『日本風俗写真大観』より転載）
図5　『春日権現験記絵』東京国立博物館所蔵
図6　立て膝をする男　放送大学附属図書館所蔵
図7　『慕帰絵詞』西本願寺所蔵（『続日本絵巻大成4』より転載）
図8　『春日権現験記絵』東京国立博物館所蔵
図9　脇息を机代わりに使う公家女性（『日本風俗写真大観』より転載）
図10　『春日権現験記絵』東京国立博物館所蔵
図11　坐禅での坐り方　作図　武蔵野身体研究所
図12　腰板　撮影　武蔵野身体研究所
図13　裁着袴　同右
図14　坂本龍馬と原吉雄（『クロニクル　坂本龍馬の33年』より転載）
図15　吉田庸徳像　行田市郷土博物館所蔵

図16　縁台の坂本龍馬（写真提供／東京龍馬会）
図17　菩薩半跏像（伝如意輪観音）　宝菩提院願徳寺所蔵
図18　「美人観花図」西川祐信（『浮世絵派画集』より転載）
図19　昭和初期の女学生の袴姿（写真提供／坂本和禧　『別冊太陽　銘仙』より転載）

第六章　日本人はなぜ坐り続けてきたのか

図1　運慶作　大日如来坐像　円成寺蔵（写真提供／永野鹿鳴荘）

第七章　坐り方ガイド「基本十姿」

図1～図23　イラスト　川口澄子
写真　横坐りをしている少女　長崎大学附属図書館所蔵

矢田部英正（やたべ　ひでまさ）

一九六七年生まれ。武蔵野身体研究所主宰。筑波大学大学院卒業。体育学修士。学生時代は体操競技の選手として活躍。当時の姿勢訓練をきっかけに身体技法の研究へ進む。国際日本文化研究センター研究員を経て文化女子大学大学院で博士号取得（被服環境学）。著書に『椅子と日本人のからだ』（晶文社）、『たたずまいの美学』（中公叢書）、『美しい日本の身体』（ちくま新書）など。

日《に》本《ほん》人《じん》の坐《すわ》り方《かた》

集英社新書〇五八一D

二〇一一年二月二二日　第一刷発行
二〇一九年四月　六　日　第四刷発行

著者……矢《や》田《た》部《べ》英正《ひでまさ》
発行者……茨木政彦
発行所……株式会社集英社
東京都千代田区一ツ橋二-五-一〇　郵便番号一〇一-八〇五〇
電話　〇三-三二三〇-六三九一（編集部）
〇三-三二三〇-六〇八〇（読者係）
〇三-三二三〇-六三九三（販売部）書店専用

装幀……原　研哉
印刷所……大日本印刷株式会社　凸版印刷株式会社
製本所……加藤製本株式会社

定価はカバーに表示してあります。

ISBN 978-4-08-720581-7 C0277

Printed in Japan

集英社新書　好評既刊

歴史・地理——D

日本人の魂の原郷 沖縄久高島	比嘉康雄
沖縄の旅・アブチラガマと轟《とどろき》の壕	石原昌家
アメリカのユダヤ人迫害史	佐藤唯行
怪傑！ 大久保彦左衛門	百瀬明治
ヒロシマ——壁に残された伝言	井上恭介
英仏百年戦争	佐藤賢一
死刑執行人サンソン	安達正勝
パレスチナ紛争史	横田勇人
ヒエログリフを愉しむ	近藤二郎
僕の叔父さん 網野善彦	中沢新一
ハンセン病 重監房の記録	宮坂道夫
勘定奉行 荻原重秀の生涯	村井淳志
沖縄を撃つ！	花村萬月
反米大陸	伊藤千尋
大名屋敷の謎	安藤優一郎
陸海軍戦史に学ぶ 負ける組織と日本人	藤井非三四
在日一世の記憶	小熊英二 姜尚中 編
徳川家康の詰め将棋 大坂城包囲網	安部龍太郎
名士の系譜 日本養子伝	新井えり
知っておきたいアメリカ意外史	杉田米行
長崎グラバー邸 父子二代	山口由美
江戸・東京 下町の歳時記	荒井修
愛と欲望のフランス王列伝	八幡和郎
日本人の坐り方	矢田部英正
江戸っ子の意地	安藤優一郎
人と森の物語	池内紀
ローマ人に学ぶ	本村凌二
北朝鮮で考えたこと	テッサ・モーリス-スズキ
ツタンカーメン 少年王の謎	河合望
司馬遼太郎が描かなかった幕末	一坂太郎
絶景鉄道 地図の旅	今尾恵介
縄文人からの伝言	岡村道雄
14歳〈フォーティーン〉 満州開拓村からの帰還	澤地久枝